A. C. Burnell

The Samavidhanabrahmana of the Sama Veda

A. C. Burnell

The Samavidhanabrahmana of the Sama Veda

ISBN/EAN: 9783741177378

Manufactured in Europe, USA, Canada, Australia, Japa

Cover: Foto ©Thomas Meinert / pixelio.de

Manufactured and distributed by brebook publishing software
(www.brebook.com)

A. C. Burnell

The Samavidhanabrahmana of the Sama Veda

THE

SÂMAVIDHÂNABRÂHMANA

(BEING THE THIRD BRÂHMAṆA)

OF THE

SÂMA VEDA.

EDITED, TOGETHER WITH THE COMMENTARY OF SÂYAṆA, AN ENGLISH TRANSLATION, INTRODUCTION, AND INDEX OF WORDS,

BY

A. C. BURNELL.

VOLUME I.

TEXT AND COMMENTARY, WITH INTRODUCTION.

LONDON:
TRÜBNER & CO., 57 AND 59, LUDGATE HILL.
1873.

AFFECTIONATELY AND RESPECTFULLY

DEDICATED TO

SIR WILLIAM TITE, C.B., M.P., F.R.S.,

ETC., ETC.

INTRODUCTION.

I.

Of the history of the Sâmavidhânabrâhmaṇa there is not much to be told. Professor Max Müller first proved (in 1848) that there are eight Brâhmaṇas of the Sâma-veda,[1] a fact which Professor Weber seemed much inclined to doubt;[2] and the question may be said to have been only finally settled by the History of Ancient Sanskrit Literature,[3] since which the authenticity of these Brâhmaṇas has always been recognized. Colebrooke, in his valuable account of the Vedas, written at the end of the last century, makes no mention of the Sâmavidhâna and other smaller Brâhmaṇas of the Sâma-veda. He had a MS., but it was copied long after the date of his articles. Passing from the European Sanskritists of the last century to the Brâhmans, we find that in the latter half of the 14th century A.D., Sâyaṇâcârya knew of eight Brâhmaṇas of the Sâma-veda, and wrote Commentaries on them. He names them in his Commentaries on the Prauḍha, Shaḍviṃça,

[1] In a letter to Professor Benfey, v. Sâmaveda, pref. p. xiv., and again, with full detail, in his preface to his edition of the Rigveda with Sâyaṇa's Commentary (p. xxvii.), in which he quotes Sâyaṇa's Commentary on the Sâmavidhâna.

[2] The article on the Sâmaveda in "Indische Studien," vol. i., and "Akademische Vorlesungen über Indische Literaturgeschichte," p. 72.

[3] Second edition, pp. 348-9.

and Sâmavidhâna Brâhmaṇas, and in his Commentary on the Vaṅçabrâhmaṇa (which he calls the eighth and last) he states that he had written Commentaries on them all.[1] From what he says in one or two places,[2] it is not improbable that his Commentary was not the first, but, as far as I am aware, there is no trace of any other discovered as yet. Beyond Sâyaṇa there is no direct allusion, as far as I can find, to the Brâhmaṇas of the Sâma-veda. Kumârilabhaṭṭa (in his Tantra-vârttika[3] 1, 3) says, "brâhmaṇâni hi yâny ashṭau sarahasyâny adhîyate chandogâs teshu sarveshu na kaçcin niyataḥ svaraḥ;" that these eight Brâhmaṇas are the same as those now before us, there are no means of proving, though it is highly probable. Kumârilabhaṭṭa may be placed in the last half of the 7th century A.D.,[4] and farther back than this it seems useless to look for

[1] v. my "Catalogue," p. 52. [2] v. pp. 56 and 64 of the text.

[3] I copy this quotation from Professor Müller's A.S.L., p. 348.

[4] That Kumârilabhaṭṭa was the great brahmanical champion in the contest with the Buddhists, was mentioned by Wilson (v. Preface to his first edition of his Dictionary, in Collected Works, v. pp. 194-7), on the authority of the Çaṅkara vijaya of Mâdhava, and local traditions of Mysore, and his date has been usually fixed in the 8th century A.D., but that he lived about 650-700, I think there can be in future no doubt, and for the following reasons. Târanâtha, in his valuable History of Indian Buddhism (published in Tibetan by Dr. Schiefner), ch. xxvi., states that Kumâralîla (i.e. Kumârila) lived at the same time as Dharmakîrti, the great Buddhist writer on nyâya.[1] Now Dharmakîrti is stated by the Tibetans[2] to have lived in the time of Srod-tsan-gam-po, King of Yârlang, who was born in 617 A.D., and reigned from 629-698 A.D., and about this date there can be no doubt, for this king married a Chinese princess, whose date is certain.[3] As Hiouen Thsang left India in 645 A.D., and there is no mention in his work of the great and dangerous Brahman enemy of the Buddhists, Kumârila cannot have lived before that date, and for many reasons he cannot have been later than 700 A.D.

[1] Some of his works still exist in Tibetan translations in the Bstan-hgyur. Dharmakîrti is quoted in the Sarvadarçanasaṅgraha as an authority on Buddhism.

[2] Wassiljew, Der Buddhismus, p. 54.

[3] Schlagintweit, Die Könige von Tibet, p. 47 and T. 1.

any reference to the Brâhmaṇas of the Sâmaveda. The contents of the Sâmavidhânabrâhmaṇa are of such a nature as to render it exceedingly unlikely that the earlier writers on the philosophical systems, or the commentators on the Kalpa-sûtras, would ever quote it. The Phullasûtra (a work in one form attributed to Vararuci[1]) does not mention these Brâhmaṇas, but only those of the Kâlabhavins and Çâṭyâyanins.[2] The absence of any mention of the eight Sâmaveda Brâhmaṇas and of notice of their want of accent is strange, if they are more ancient than this sûtra.

So much for extrinsic evidence respecting the Sâma Brâhmaṇas. We can only be certain that they existed as we now have them in the 14th century A.D., and may reasonably conclude also that they were much the same in the 7th century A.D. But an examination of the text of the Sâmavidhânabrâhmaṇa and the quotations of Sâma verses in it lead to some results, though dates are of course entirely wanting; if we may not know exactly when Vedic works assumed their present

[1] The Vararuci, author of this work, must be Kâtyâyana Vararuci, the well-known grammarian; and he is to be placed between Pâṇini (before Buddha) and Patañjali (140–120 B.C.), v. Professor Goldstücker's Pâṇini, pp. 227, 122, and 234. It seems, therefore, hardly possible to assign the Sâmavidhânabrâhmaṇa a higher antiquity than the 5th century B.C.

[2] As my MSS. of the text and commentary (by Ajâtaçatru) appear to differ from those seen by Professor Weber (Indische Studien, I.), I quote the passage which occurs in the fourth khaṇḍa of the last chapter (p. 26 b, line 6):—

"Yathâdeçaṁ ca kâla(bha)vinâm api pravacanavihitasvara(h) svâdhyâye | tathâ çâṭyâyaninâm |"

Comm. by Ajâtaçatru, p. 64 b, line 1:—

"Kâlabhavinâm (text, Kâlaba°) api pravacanavihitasvaraḥsvâdhyâyo bhavati pravacanaçabdena brâhmaṇam ucyate | procyate aneti | svâdhyâyaçabdaḥ (MS. °çabdam !) pûrvavat | tathâ çâṭyâyaninâm api pravacanavihitasvaraḥsvâdhyâyo bhavati | ."

form, we may at least learn with some certainty how that occurred.[1]

The form of Sanskrit in which the Sâmavidhâna-brâhmaṇa is compiled presents no features of interest; the style is of far greater importance. Except in the first khaṇḍa of the first chapter and the last of the third, which are evidently subsequent additions, the whole work is composed of sûtras, and these sûtras are quite as artificially composed as those in the Kalpa works. We find adhikâras and paribhâshâs used regularly,[2] and matter which would, by the rules of sûtra compositions, be no longer of effect, is carefully repeated.[3] The whole work is, in short, of a highly artificial character. The chief Brâhmaṇas (*e.g.* the Aitareya, Kaushîtaki, and Çatapatha) have a systematic arrangement of the matter, but are remarkable for a great copiousness of exegesis; here, however, we have merely a dry set of precepts arranged in an orderly series, for the reasons (true or imagined) for any particular practice, which form the most remarkable feature of the great Brâhmaṇas, are entirely omitted.[4] Here and there, however, a passage remains which is of the true Brâhmaṇa cha-

[1] We have long ago been informed that the Vedas exist still on the islands of Bali and Lombok, in the Kawi language; it is to be hoped that Dr. Kern and the Dutch Orientalists will, some time, clear this up. A comparison of the Kawi with the Indian Vedas must be of the greatest interest and value, as they are at all events older than any Sanskrit Commentary now existing.

[2] *e.g.* I. 5, 2.

[3] v. I. 10, 3. In some cases the pratîkas of the Sâma verses are abridged in a manner quite peculiar to the sûtras, *e.g.* "Surûpakṛid"-râbhasam (I. 4, 14).

[4] A summary and criticism of the brahmanical views respecting the Brâhmaṇas has been ably given by Professor Haug in the preface to his Aitareyabrâhmaṇa. On Sûtra-like Brâhmaṇas, v. A.S.L. p. 171.

ractor; such is the incantation to the goddess Night, and the dialogue between the goddess and the magician; there can be little doubt, however, that the boon asked for, is a later interpolation. All these facts point out clearly that in the Sâmavidhânabrâhmaṇa we have a work which has been re-arranged, and probably more than once; and here we see a striking confirmation of the story that Çaunaka composed a large Brâhmaṇa-like sûtra in a thousand parts,[1] which he afterwards generously destroyed, in favour of his pupil Âçvalâyana's work. It is obvious that many of the Brâhmaṇas had at the time of the commencement of the composition of the Kalpa-sûtras assumed much the same form of style as the Kalpa-sûtras present now to us, and that the change introduced by the authors of the Sûtras was merely in the arrangement of the matter. The Brâhmaṇas, which consisted of explanations of details of the Vedic rites, were almost useless for practical purposes, as they were intended to explain the object and meaning of the rite or its parts, and not the method of performance. On the other hand the authors[2] of the

[1] Prof. Max Müller, A.S.L. p. 233, quoting from Shadguruçishya,—"He (Âśvalâyana) having learned from S'aunaka all sacred knowledge, made also a sûtra and taught it, thinking it would improve the understanding and please S'aunaka. Then in order to please his pupil, S'aunaka destroyed his own sûtra, which consisted of a thousand parts, and was more like a brâhmaṇa."

[2] That the authors of the Kalpa-sûtras were real persons, no proof is needed; and their object in compiling the Kalpa-sûtras has been stated by the commentators in the most clear and positive manner; so Bhavasvâmin (one of the oldest commentators, as I have endeavoured to prove in my Catalogue, p. 24) says in his commentary on the Baudhâyana Kalpa-sûtra, "Brâhmaṇânâṁ bahutvâd ekaikasyâṁ çâkhâyâm aparisamâptatvâd arthasya ca durbodhatvâd asârvajanyatvâc ca saṁâçritya vivaraṇârthaṁ sukhaṁ buddhvâ karmâṇy anushṭhâya phalaṁ ca prâpnuyur iti kalpa ârabdha âcâryeṇa vâkyasaṁbandhaç ca."

Kalpa-sûtras intended to guide priests in the performance of the ceremonies, and taking the rite itself as their object (and not its meaning or end), taught how to perform it. Yet there must have been for some time a considerable confusion between the two classes of works, as passages are found in Sûtras, which occur almost word for word in Brâhmaṇas.[1] This is also, no doubt, the reason why so many Brâhmaṇas have perished; their object became the same as that of the Kalpa-sûtras, and these eventually superseded the earlier works. The Brâhmaṇas which most resembled commentaries on the Saṁhitâs survived, as they had long been studied for the intrinsic value attributed to them, before commentaries were ever thought of. The want of accents in the Sâmavidhâna has already been noticed, which is a decided proof that the work is relatively modern, apart from the sûtra-like style. Again, old forms of words are very rare.[2] There is, therefore, no reason whatever for assigning the Sâmavidhânabrâhmaṇa in its present form to an earlier period than the age of literary activity among the Brahmans, which followed the rise of Buddhism; that is to say, it is not later than the 7th century A.D., or earlier than the 5th century B.C.

II.

Passing from the external form to the subject-matter of the Sâmavidhânabrâhmaṇa, we find that the arrangement of it bears out the evidence of the style and lan-

[1] A.S. L. p. 573ff. for a notable instance.

[2] "gupî hâsya bhavati" (ii. 6, 3) is the only remarkable instance. But, on the other hand, several of the names of plants are unquestionably Dravidian.

guage, as it is not altogether unsystematic, provided we omit certain parts which are plainly of later origin, or are irrelevant to the rest of the work. Such are the first, third, and fourth khaṇḍas of the first chapter, and the "vaṁça" at the end of the work (ch. iii. kh. 9, § 7). The first section in the first chapter is an attempt to explain the existence of the Sâmavidhâna, and there can be no doubt that it belongs to a time when the brahmans felt the necessity of their sacred works being considered in connexion and as parts of a system, and to a movement which resulted later in the systematic philosophies of Kumârila and Çaṅkara. The "vaṁça" (*i.e.* succession of teachers of the work) is certainly of a much older date, but it is there as an answer to a question similar to that which caused the composition of the first khaṇḍa, though belonging to a period of collection, and not to a period of criticism, it is of a different nature. The first khaṇḍa is an attempt to answer the question—how does this work fit in with the other Vedic works? The vaṁça is an attempt to answer the question—why is this work to be considered a Vedic work?

The third and fourth sections of the first chapter interrupt the natural order, according to which the fifth should follow the second section (or khaṇḍa); but as the ceremonies described in them depend partly on ceremonies described in the second khaṇḍa, their insertion here is at least intelligible. However, as they merely contain substitutes for the more difficult and complicated sacrificial rites described in other Brâhmaṇas, there can be no doubt that they belong to a late period.

The substance of the bulk of the work consists of descriptions of certain penances and ceremonies which are supposed to destroy the evil effects of some actions, and in other cases to bring about results desired by the performer. The first ("tapas," treated in ch. i. 2, and "prâyaçcitta" in i. 5 to 8) form but a small part of the work; the "kâmya" rites, or ceremonies of a magical nature, fill two out of the three chapters into which the Sâmavidhânabrâhmaṇa is divided. As in the other Vedic works, the matter of this Brâhmaṇa is of little value in itself; but this book has an independent value of its own, inasmuch as it preserves for us a picture of the beginning of a civilization, and ideas and practices which other nations have in the course of their progress thrown aside or concealed with shame, and which now exist hardly anywhere on the earth. The Vedic literature, in the hands of Professor Max Müller, has furnished us with the key to mythology, and this must always remain the greatest service that can be rendered by it;[1] but it has also preserved the explanation of many obscure customs by a record of them in their most original forms and in the very words of the people

[1] It has been often asserted that the modern forms of Hindu worship (which are wrongly assumed to be more degraded than those prescribed by the Vedas) are chiefly derived from the primitive races of India, who are said to be of a different race to the Âryans. That the Âryans have long been mixed up with the tribes they found already in India when they entered it, there can be little doubt, but that the so-called Dravidian races have derived their religions from Âryan (or Sanskrit) sources is certain; the mythology of modern Hinduism can only be explained by Sanskrit, and the Dravidian languages not being sex-denoting languages, in regard to inanimate objects, could never have given rise to a mythology. The Dravidian races of India (like all tribes with languages that do not denote sex) have only ancestor-worship for a religion, and could never (by themselves) get beyond it.

who followed them and believed in them. This is a point of the greatest importance, for the similar traditions and usages of the still existing semi-barbarous races are so contaminated by European influence as to be but of trifling value; and though accounts exist which were drawn up by the first Europeans who visited them, the authors were generally narrow-minded missionaries, who were so anxious to prove the working of the devil in all strange customs, as to render their works very untrustworthy.[1] Such accounts have been always intended rather for the supporters of missions and wondermongers than for students, and thus explanation is often impossible. But there is no such accidental or intentional misrepresentation in the Vedic literature; the only difficulty is to collect the scattered facts, and to trace their connexion. Usages and customs can (if not interfered with) change but little: in another country natural circumstances may render some impossible, but where kept up they must always have substantially the same form.

Among the ceremonies described in the Sâmavidhâna-brâhmaṇa, we find some which are intended to be expiations not only of sins, but also of crimes, such as murder, and a little further on we find other ceremonies of a like nature, which are intended to destroy enemies; it is therefore evident that the people whose religion is partly here described, did not think the act of killing wrong, but they feared certain consequences from it to themselves. What these consequences were supposed to be,

[1] v. Bastian's "Reisen," iv. 416 ff.

is not clear from the Sâmavidhânabrâhmaṇa, but in the after-literature there are many passages which show that the Hindus entertained a belief that they were punished for sins or crimes by sickness or misfortune, in this or a future life; and it is everywhere among savage races a belief that the murdered individual can in his continued existence under another form avenge himself on his murderer, or that the being which causes death resents actions which interfere with its own functions. The reasons why one form of fast and penance should be supposed to expiate certain crimes, whereas other ceremonies were necessary in other cases, must always remain more or less doubtful; satisfactory explanations may be given of some, but as we have an account of the customs and superstitions only, and not of their evolution, much must always remain obscure. Those described in the Sâmavidhânabrâhmaṇa belong to what has been called the "Fetish age," but nevertheless in their combinations give evidence of a certain amount of progress and modification, and in that consists the difficulty. The state of mind of a man in the Fetish age, who judges everything independently, and has only one standard, viz., himself,[1] would induce him to avert the anger he feared by suffering and offerings such as we here find described as expiations for sins or crimes, but it is not plain what consequences to himself from some acts he could hope to avert in this manner.

The sins and crimes enumerated by the Sâmavidhâna-

[1] v. Vico, Scienza Nuova, I. p. 86 (edition of Milan, 1801); Comte, Cours de Philosophie Positive, I. 9, V. 25, 28; Politique Positive, iii. 84.

brâhmaṇa are not very numerous, but we have in them the elements of the criminal law of later times, and it is therefore important to show how this grew out of them. The Vedic literature as we possess it is unfortunately far from perfect; we have often only the later recasts of old works, or we have several of these, though but fragments of the works they are based on; so in this case we have the Sâmavidhânabrâhmaṇa, but the next class of works, the Dharmasûtras, is wanting, except the doubtful Gautamadharma; and the next after these, the Dharmaçâstras, is also wanting. As however it has been satisfactorily proved that works of the same class, though belonging nominally to different Vedas, closely resemble one another, there can be no wrong in comparing the Sâmavidhânabrâhmaṇa with the Âpastambadharmasûtra and the Dharmaçâstras of Manu and Yâjñavalkya, which are at once the best known, and at the same time the best types of the class.[1]

Though no distinction between the acts is made in the text, they may be classified as *sins*, and as *crimes*; the last *against the person* and *against property*. The sins are by far the most numerous, and include offences against morality: they are, 1. teaching an improper person (i. 5, 10); 2. sacrificing for an unfit person (i. 5, 11); 3. sight of, or smelling impure things (i. 5, 12); 4. eating unclean things (i. 5, 13); 5. committing

[1] That the Dharmaçâstra is posterior to and based on the sûtras, and that these are posterior to and based on the Brâhmaṇas, has been proved beyond a doubt by Professor Max Müller in his A. S. L. The proof in regard to the Dharmaçâstras has been strengthened and worked out by Professor Bühler in the Preface to his and Mr. West's Digest of Hindu Law.

upapâtakas (i. 5, 14); 6. drinking spirits (i. 6, 15); 7. intercourse with a Çûdra woman (i. 6, 6); 8. intercourse with a wife at forbidden seasons (i. 8, 7); 9. accepting presents from a king (i. 7, 1); 10. receiving forbidden presents (i. 7, 2, and 8, 3); 11. killing a cow[1] (i. 7, 7); 12. killing any other animal[1] (i. 7, 8); 13. breach of chastity by a Brahmacârin (i. 7, 9); 14. marrying while an elder brother is unmarried (i. 7, 10); 15. serving a Vaiçya or Çûdra (i. 7, 12–13); 16. untruthfulness towards a Brahman (i. 7, 15); 17. selling certain articles (i. 8, 1–2); 18. laziness (i. 8, 6). We see here most of the sins which are mentioned in later works, but here there is but a bare mention of them, whereas in the Dharmaçâstra and in the still later works the details of each sin and the almost countless ways of commission and the expiation for each, fill often a page or more. In the Dharmaçâstra not only is it forbidden (as here) to teach the Vedas to persons of a lower caste, or who are not otherwise qualified, but such persons are liable to severe penalties should they wish to avail themselves of the teaching of any one willing to instruct them. Drinking ardent spirits is one of the greatest sins, as is intercourse with a Çûdra woman. Great restrictions are also placed upon the occupations that a Brahman is allowed to follow, and serving in temples is added to the list of degrading professions. Trade, however, is permitted in times of distress. A Brahmacârin is in the older works

[1] The influence of Buddhistic notions seems to have prevailed in the insertion of these two offences. They are, however, entirely in contradiction with the rest of the work, *e.g.* the magical ceremonies to destroy enemies.

expected to preserve himself chaste, but to this in the Dharmasûtras and Dharmaçâstras an immense number of restrictions is added. Untruthfulness to a Brahman is regarded as wrong in the Sâmavidhânabrâhmaṇa, but besides this being a sin in the later works, a man of a lower caste is compelled by absurdly severe penalties to pay extreme respect to men of the higher castes (M. Dh. Ç. viii. 282–3). A Çûdra who presumes to advise a Brahman is to be punished by boiling oil being poured into his ears and mouth (M. Dh. Ç viii. 272). An important addition to the list of sins is that of heresy; revilers of the vedas are sentenced in the Mânavadharmaçâstra to banishment.

That there should be little or no distinction between sins and crimes in the Dharmaçâstras and the older works on which they are founded, is not at all surprising; the earliest criminal codes now existing, all agree in this respect with the brahmanical Dharmaçâstra.[1] And in the Sâmavidhânabrâhmaṇa sins are mixed up with crimes and delicts in such a way as to leave no doubt possible that the ancient Brahmans regarded the different classes of offences as alike; arrangement there is none, for the place where an offence is mentioned does not depend on the nature of the expiation directed, nor (except in two or three places) is there any connexion between offences which are mentioned successively. To begin with offences against the person we find—1. Killing a Brahman (i. 5, 16); 2. causing abortion (i. 5, 16); 3. killing a Râja or Vaiçya (i. 7, 5); 4. killing a Çûdra (i. 7, 6);

[1] Cf. Maine's "Ancient Law," p. 371.

5. rape and seduction (i. 7, 2 and 8, 4, 5); 6. adultery with a Guru's wife (i. 6, 3); 7. bestiality (i. 7, 11); 8. assault (i. 7, 4 and 8, 13–15); 9. abuse (i. 5, 9). Of offences against property we find only—1. theft (i. 6, 1-2); and 2. cheating (i. 6, 8).[1]

The penal code of the Mânavadharmaçâstra (leaving for the notes to the translation reference to the Dharmasûtras) as compared with the above scanty list of crimes is very complete; offences which are here barely mentioned are there defined, and different degrees of the same offence sentenced to greater or less punishment. For instance, for simple theft we find in the Mânavadharmaçâstra housebreaking (ix. 276); and thefts of precious stones, cattle, or other articles, are distinguished by different degrees of fine or punishment (M. Dh. Ç. viii. 320-6). So too abetment of thieves and robbers is an offence (ix. 271), and offences when repeated are punished more severely. Besides mere abuse or assault, we find assaults with wounding provided for. Fraudulently making away with joint property is noticed (viii. 197, 8), and malversation and corruption practised by public officers of government is severely punished (viii. 34 and ix. 231).

In the Yâjñavalkya Dharmaçâstra there are several important provisions respecting accidents and the liability of persons for acts done unintentionally, which mark a

[1] The application of certain Sâma verses (as prayers) in these expiations and in the magical ceremonies dates from a time when the Sâma-veda had already assumed the position of a revealed work; the important facts in the Sâmavidhânabrâhmaṇa are that certain acts were supposed to require an expiation, and that certain others were supposed to have a magical effect.

period of progress and form a great contrast to the general tone of the Dharmaçâstras.

The Dharmasûtras appear to be the works of a (for India) rationalistic school, but there are other works belonging to the pariçishṭa class, which form a great contrast to them, and belong rather to a conservative party. Such is the Châṇdogyagṛihyapariçishṭa, in which passages are quoted almost word for word from the Sâmavidhânabrâhmaṇa; but though it appears to aim at rendering more intelligible the ideas of the Brâhmaṇas, there is no attempt at progress.

But apart from the great development we see in the list of crimes in the Dharmaçâstra as compared with that in the Sâmavidhânabrâhmaṇa, and the greater exactness of the provisions of the former, there is a vast difference between the two. In the Sâmavidhâna there is a short and vague list of crimes which shows but little consideration of the matter, and the criminal is left to obviate the consequences of his acts by ceremonies of expiation; this would only have occurred in a nomad state of society, where there were families but no kingdoms. The Dharmaçâstra directs (for the most part) that the expiation (or punishment substituted for it) should be enforced, and this is declared to be the chief duty of the king, whom we see invested with almost uncontrolled power. The same sins as are mentioned in the Sâmavidhânabrâhmaṇa occur here also, but the power of punishing them is now vested in the king. The change, though apparently great, in reality depends upon the development of an idea, traces of which are to be found in the earliest works, that sins and crimes not only bring punishment to the individual in this or a future life, but also to his family, and even to the kingdom to which he belongs.[1] In the transition from the nomad and family state of society to the kingdom, the power of punishment gradually became more and more vested in the sovereign; but even in its latest developments in India, the criminal law plainly discovers its origin, and there is a confusion between punishment and expiation. A most striking proof of this exists in the provision in the Mânavadharmaçâstra that criminals who perform the prescribed prâyaççitta (expiation) should be only fined—

"Prâyaççittaṁ tu kurvâṇâḥ sarvavarṇâ yathoditam |
Nâṅkyâ râjñâ lalâṭe syur dâpyâs tûttamasâhasam" || (ix. 240).

This confusion between punishment and prâyaççitta, or expiation, exists in all the Dharmaçâstras to a greater or less degree, and even in later times enormous treatises on "prâyaççitta" have been compiled without the slightest allusion to punishment by the State.[2] In the most remarkable and advanced, however, of the Dharmaçâstras, especially the Mânava and Yâjñavalkya smṛitis, there is the foundation of a real body of criminal law.

But the most important fact in this change is the

[1] So Vijñâneçvara in his commentary on the Yâjñavalkyasmṛiti begins the Vyavahâra section with the following remark—"Abhishekâdiguṇayuktasya râjñaḥ prajâpâlanaṁ paramo dharmaḥ | tac ca dushṭanigraham antareṇa na sambhavati.

[2] A remarkable instance is Hemâdri's treatise on prâyaççittas, which gives expiations (mostly taken from the Purâṇas) for every crime, sin, or vice that can be imagined; a revolting list, for which the natives of India can hardly be held responsible, but rather the imagination of the compiler.

growth of a law of evidence. It is difficult to say which is the earliest, a reliance upon the testimony of witnesses or on ordeals. That ordeals were very early in use is evident from the Chândogya-Upanishad (vi. 16), but in the Dharmaçâstras, in addition to an elaborate scheme of ordeals, there are many provisions about witnesses, and punishments provided for perjury (M. Dh. Ç. viii. 120, 1, 3), and the demeanour of witnesses under examination is the subject of remark. The old Brahman view of the nature of crime is to be traced in the infamy of certain persons who are incapable of giving evidence. As civil rights in India have never extended beyond persons and classes, it could hardly be expected that a real criminal law based on expediency should arise there. Before every person has equal civil rights, it is useless to look for a sound criminal law, for it is only produced when such a stage of progress has been reached; and to this the spirit of division (or caste) which has always been so strong in India, must, if not interfered with by foreigners, have continued an obstacle. That the number of ordeals and the extent of their application are increased in works later than the Mânavadharmaçâstra is a striking proof of the difference between Europeans and Hindus. But the Hindu system as described in the Dharmaçâstras is entirely congenial to the people of the East, as appears from the fact that it is the only Indian system, and has been the foundation of all the systems of law current in the extreme East, except of those derived from Chinese sources. The native kingdoms of Burmah and Siam (through the Javanese) owe the greater part of their civilization to the introduction of Indian law, chiefly through paraphrases of the Mânavadharmaçâstra, which they, though fanatical Buddhists, readily accepted.

The remainder of the matter of the Sâmavidhânabrâhmaṇa which treats of "Kâmya" rites, or ceremonies intended to produce some benefit to the performer, is (as has already been remarked) mostly of a magical nature. That the manufacture of amulets, and the performance of magical ceremonies to destroy enemies, should form part of the Vedic religion is at first sight rather surprising, but the Sâmavidhânabrâhmaṇa is by no means unique in this respect, and apart from the general intent of all the Vedic sacrifices, there are several other instances in the Vedic literature. The purpose of the sacrifices is, generally speaking, to make for the performer a new body in the "other world"; every part of the rite has reference to some step in the process, and to the believing brahman it is much the same as the process of building a house. Of worship and sacrifice, as Europeans and Semitic races understand the words, there is absolutely nothing. These so-called sacrifices are also complicated with much recital of verses and subsidiary rites to secure to the performer abundance of wealth, food, cattle, good-luck, etc., and are therefore of precisely the same character as the magical ceremonies described in the Sâmavidhânabrâhmaṇa. But apart from this and the chapters of the Shaḍviṁçabrâhmaṇa and Kauçikasûtra, which treat of omens and portents,[1] there are

[1] Published by Professor Weber.

innumerable instances of similar ceremonies in the Vedic literature. The Atharva-veda is full of magical verses, some to remove disease, cause hair to grow on bald heads, and to abate the nuisance caused by vermin; the Âraṇyagâna of the Sâma-veda contains many similar verses; the "brahmaṇaḥ parimaraḥ" (a rite to destroy enemies v. Aitareyabrâhmaṇa, viii. 28); the ceremony for selecting a wife as described in most of the Gṛihya-sûtras;[1] and the magical ceremony for destroying an unchaste wife's paramour as described in the Bṛihad-âraṇyaka (xiv. 9, 4, 10), are sufficient proofs of this. The Black Yajur-veda Saṁhitâ and Brâhmaṇa and White Yajur-veda also furnish some examples. That Ṛig-veda verses were used in a like manner, and that the Ṛig-veda had once a corresponding Brâhmaṇa to the Sâma-vidhâna is proved by the existence of the Ṛigvidhâna,[2] a Pariçishṭa, which is merely a versified form of what must have been a precisely similar work. The incredible filthiness of some of these symbolical and magical rites is almost beyond belief, and the first part of the Aitareya-âraṇyaka rivals the most obscene Tantras of the worshippers of Çakti. What the real age of most of the Tantras may be it is at present impossible to say, as but few have ever reached Europe, and of these we have nothing except a few extracts.[3]

[1] Dr. Haas in "Indische Studien," V. See also my "Catalogue," pp. 82, 83.

[2] See Weber's "Verzeichniss," p. 31. As it exists at present it is attributed to Çaunaka.

[3] The Tantras as yet known to Sanskritists are from the North of India, and appear to be comparatively modern, but in the South of India there still exist many of the Çaiva Tantras (or Âgamas) which seem to be much more ancient. MSS. of the Máraṇa, Kâmika and Pauṣhkara Tantras which belong to this class have been deposited by me in the India Office Library.

There can be little doubt, however, that in these works and some of the Purânas we have the latest form of the magical part of the Vedic literature.[1] It seems that the great addition to the original matter consists in the use of vîjâxara mantras, or sentences in which each letter is significant, and in magic diagrams. As the matter of the Vedic literature at all events dates from times in which writing was unknown, as is proved by other circumstances, we could hardly expect to meet with them in the Brâhmaṇas, but by the evidence of the Buddhist works as preserved in Tibet it is certain that these practices are of some antiquity, and probably date from the 6th to the 8th century A.D. A comparison between the Tibetan Dhâraṇîs and the Indian Tantras would be of much interest, but the rarity of both will long render such a work impossible, and for the latest developments in India there are at present only the often diffuse and too often obscure articles in the Çabda Kalpa Druma.[2] Of a closely allied art, viz., Astrology, we find the elements in Vedic literature in the directions respecting the seasons and constellations in which sacrifices were to be performed, but it does not seem to have reached any extent till the times of the pariçishṭa period of which date we have the Navagrahaçânti (of the Sâma-veda) and some similar tracts belonging to the Atharva-veda. In the copious literature on this subject which dates from the 10th century, there is every reason to believe

[1] It is remarkable that at the time of the compilation of the Mânavadharmaçâstra a great change had taken place in the opinions of the people of India in regard to magical practices, v. ix. 290.

[2] cf. the articles on Indrajâla, and Abhicâra.

that Greek works had much influence. To trace back the comparatively few treatises on Sâmudrikâ, or palmistry and physiognomy, is apparently at present impossible; the earliest traces of such an art are apparently to be found in the descriptions of Buddha's personal appearance. The literature referring to magic and superstitions has always been very great in India, and at present, especially in the vernacular languages, is enormous, for it forms the favourite reading of the people.

It is natural, therefore, to expect from such a literature, and especially from the earlier works belonging to it, much light respecting the popular superstitions of Europe, and, in fact, many of the best known magical practices said to have been used in former times are at once recognizable in the Sâmavidhânabrâhmaṇa. One of the most remarkable of these practices is that of making a wax image, which is melted over a slow fire, so causing the death of an enemy, whose life wastes as the image wastes away. This was known to the Romans (Horace, Ep. 17, 76), and also to the Germans and other European races (Grimm's "Deutsche Mythologie," 1047 ff.), but here we have it in the Sâmavidhâna in what is evidently the original though less poetical form: an image of the person to be destroyed or afflicted is made of dough, and roasted, so as to cause the moisture to exude, and then cut in pieces and eaten by the sorcerer. So also we find here amulets, and other means of obtaining power over persons, such as love-charms, and talismans to preserve the wearer not only against misfortune, but also against attacks of enemies and of animals, such as snakes. But the peculiar importance of the Sâmavidhânabrâhmaṇa is that it contains a complete view of the Indian superstitions, drawn up at a time when they were extensively practised, and may therefore be expected to throw much light on similar usages of the European races, of which, unfortunately, we have but often insufficient accounts. Scattered and imperfect as has been all information concerning them, it is scarcely a matter for surprise that they have been so long neglected, though as evidence of the mental habits of barbarous men they must always be of considerable importance.

All the usages called superstitions have their origin in a state of mind which is common to all uncivilized men, and among civilized men to children. As has been already remarked, the savage or child on seeing any phenomena which are to him at all arbitrary, assumes that they result from a volition and passion like his own, and as a result of this attribution of intelligence, he assumes that certain things have a sympathy with or repulsion to other things, just as he himself is affected. That a great many phenomena are simply accepted by the savage and lead to no such conclusions in his mind, is indisputable; the phenomena that he explains after his own way are apparently arbitrary, such as growth, death, sickness, the properties of certain plants, and the powers to injure of certain animals; the phenomena of the sun, and moon, and weather, the unusual colours or forms of certain plants and flowers. So, too, day and night, and the sun and the phases of the moon are assumed to have powerful influence over other objects. As results of this supposed sympathy (and necessarily repulsion or antipathy also), we have what may be termed primary superstitions, such as amulets, love-charms, and the magical ceremonies used to find out which way an event is going to happen, for not only is volition attributed to inanimate as to animate objects, but good and ill luck are attributed to similar causes, viz., the volition of such beings as ghosts.[1] In many ceremonies a certain time or position of the performer is directed, and is apparently imagined essential to success. At first sight the explanation of these positions and times seems impossible; it is, however, very easy. As is well known, the Vedic sacrifices can only be performed during the summer solstice, and so also the funeral ceremonies and other domestic rites are to be performed in the bright fortnight; again, for certain purposes a man is directed in the Dharmaçâstra in the day to turn towards the north, and in the night towards the south, and according to the nature of each act a corresponding position is prescribed for it in the Dharmaçâstra. It is therefore evident that it is with reference to the sun's course that these positions are prescribed; some acts will attain their end when they have the aid of the sun in its power, and others must not be seen by

[1] In the Sâmavidhâna, besides the pitris and piçâcas, we find apsarases, râxasas, and similar imaginary beings. It is to the belief in such beings that is to be traced the fancy that it is unlucky to mention certain things; boasting of one's good fortune, etc., being apt to excite the malicious beings who preside over ill luck or sickness. So it is not well to speak of what they have done except in complimentary terms. A native of Southern India never says that a person had died of cholera, but always, "he has become cold."

that powerful being, lest it injure the doer. So, too, the moon (though to a less degree) is regarded in the same light; for it, too, like the sun, grows in power and fades away. Hence the significance of the solemn pradaxiṇa (or circumambulation), for the person who performs it follows (in his imagination) the same course as the sun, and is therefore in harmony with it. So, too, the night is the time for ceremonies to injure others; the good and powerful sun cannot interfere to protect, and the full effect of the ceremony is insured. In this way of regarding the sun, one may see the elements of the great Indo-European and Egyptian mythologies; and again from the religions based on these mythologies a fruitful crop of secondary superstitions arises, for the disposition of mind that originally caused the primary superstitions seems always to prevail to a certain extent. Such are the superstitions relating to certain days (not to the winter, and the days when the moon wanes, for those are primary), on which events of the earthly life of the Gods or Heroes are supposed to have occurred. Such are the days in the Hindu Calendar connected with the life of Kṛishṇa. But in the Egyptian Calendar these secondary superstitions are seen to the greatest extent; there is scarcely a day which the success or misfortunes of Osiris and Horus have not marked as lucky or the contrary.[1] So, too, we find in India the animals who were friendly to the man-god Râma are even now regarded with veneration by the peasants. The troublesome and mischievous squirrel and monkey

[1] v. Calendrier-Sallier, by Chabas.

are never meddled with, but kindness to these animals is supposed to be a means of gaining the protection and support of the being they are said to have helped on earth.[1] Another class of superstitions consists of the degraded relics of former mythological beliefs, such as some of the popular beliefs respecting the power of witches, magic caps, and rods and garments.

In the notes to the translation I endeavour to trace each usage as far as the imperfect records allow. Much has been written upon superstitions, but as yet there is only one complete work, Wuttke's "Der Deutsche Volksaberglaube." F. Schwartz's "Der heutige Volksglaube," Frischbier's "Hexenspruch and Zauberbann," and J. Grimm's works contain much interesting information, and are very valuable as far as European superstitions are concerned. For modern India, except the Qânûn-i-Islâm (a mixture of Hindu and Muhammadan usages), and Caldwell's "Shanars," we have nothing. For the modern Egyptians the original edition of Lane's "Arabian Nights" and his "Modern Egyptians" are invaluable; but except a few chapters in Burton's "Travels" and Callaway's "Religion of the Amazulu," there is little of value recorded respecting the usages of the African tribes, which are of the greatest interest as being primitive and yet actually open to observation. The Spanish Missionaries to America have recorded some details respecting the popular superstitions of Mexico and Peru. Torquemada's "Monarquia Indiana" contains

[1] It is scarcely necessary to remark that all the superstitions recorded in the Sâmavidhânabrâhmaṇa are primary.

some interesting facts, though concealed among vast quantities of useless verbiage.

III.

The last question connected with the Sâmavidhânabrâhmaṇa is—What light does it throw upon early Sanskrit literature? There are extensive references in this Brâhmaṇa to the Sâma-veda, but to no other work. It must not, however, be supposed that the Sâma-veda of the quotations is the Sâma-veda as known at present, *i.e.* the Ârcikas, as edited by Professor Benfey. Of the 114 quotations in the first chapter of the Sâmavidhânabrâhmaṇa, 109 can be identified; several quotations are from the as yet unpublished Âraṇyaka-saṁhitâ, and a few verses quoted may be found in the Ṛig-veda; but a considerable number cannot apparently be traced to any existing Vedic saṁhitâ. Quotations of the Sâma verses are made in three ways; 1, by quoting the first words in the sûkta, and in a few instances the first words abbreviated,[1] the verse as quoted is called *sâma* or *varga*, and is directed to be sung (gai); 2, by the usual name of the verse as it is known in the gânas, and for which Pâṇini has prescribed a peculiar form;[2] 3, in one instance the number of the verse is given according to its place in the gâna.[3] It is, therefore, beyond doubt that the Sâmavidhânabrâhmaṇa, in quoting Sâma verses,

[1] *cf.* "sarûpakṛit" for sarûpakṛitam (I. 4, 14), "somaḥ pavâ" for (?) "somaḥ punâno" (II. 1, 5).

[2] *e.g.* "Âpohishṭhîya," etc. "Kayâśîya," "Tavaçravîya."

[3] Âr. G. P. II. 1, 7. and 8, quoted in II. 6, 2.

invariably refers to the gânas, and not to the ârcika, which is often incorrectly called the Sâma-veda. The "Sâman" is originally a sentence (for many sûktas, especially in the Âraṇyaka gâna, are in prose) sung or chanted in a peculiar manner, and the gânas are collections of such verses arranged according to the purposes for which they were supposed to be intended. Two of these gânas may be termed primitive, viz. the Grâmageya and Âraṇyaka gâna, and it is plain that the Pûrva ârcika consists solely of the verses used in the Grâmageya gâna, but reduced to their simple elements, and therefore belonging to a time when the formation of the verses in the gânas from their simplest elements had become an object of study, and it was found necessary to guard against corruption of them.

The second or Âraṇyaka gâna contains verses found in the Ârcika, but combined with many others strange to it, but some of which are to be found in the Âraṇyaka-saṁhitâ and Mahânâmnî verses; yet there is no such close connexion between the Âraṇyaka-saṁhitâ and gâna, as exists between the Pûrva ârcika and Grâmageya gâna. The third and fourth gânas consist of verses formed by including other new verses in stanzas (as it were) with verses taken from those in the P. ârcika. The arrangement of these gânas in parvas is according to the object of the verses; but by the side of these is the Uttara ârcika which contains the verses in these gânas as modified by new matter, but the principle of arrangement is not that of the gânas, nor does there seem to be any system in the arrangement of the verses.

Taking therefore the ârcikas and gânas into consideration, it seems plain that they represent the result of a number of attempts at collection and arrangement, but at what date the earliest arrangement was made it is impossible to say, though it is quite certain that at the time of the composition of the Sâmavidhânabrâhmaṇa in its present form, the Âraṇyaka gâna was in the form it now has,[1] and it is highly probable that the same is true of the Grâmageya gâna, as only in one instance[2] does Sâyaṇa note a discrepancy in the number of verses in a varga as quoted by the Sâmavidhâna,[3] and as he justly remarks this may be owing to a difference in the Çâkhâ.

The quotations from the Âraṇyaka gâna are numerous and conclusive, but those from the third and fourth gânas are few (if any) and prove nothing.[4] At all events, from the way the Sâma verses are used in this Brâhmaṇa, they had ceased to be more than partly intelligible.

It is evident, therefore, that a rational study of the Sâma-veda must begin with the gânas, and that it is in them the solution of all difficulties respecting it must be sought; but it is important in every way to consider the influence of the Commentaries as affecting the present form of that Veda. The oldest now existing

[1] From the quotation in II. 6, 2, of an Âraṇyaka gâna verse by its number.

[2] II. 7, 3.

[3] I have already remarked that the quotations are all from the gânas. In a few instances I have only quoted the Ârcikas, but with Benfey's Index it is perfectly easy to supply the deficiency.

[4] My MSS. of the second gâna appeared to differ (in the divisions) from those of Professor Benfey, and I was therefore compelled to make an index of my own to it; as regards the others I have used Professor Benfey's valuable edition.

is by Bharatasvâmin (c. 1300[1]), and little less than half a century after him comes Sâyaṇa, but as far as the MSS. go there seems to be an important difference between the two; Bharatasvâmin expressly comments on the Âraṇyaka-saṁhitâ and Mahânâmnî verses; Sâyaṇa appears to ignore them entirely. As far as the very defective MSS. of these works allow one to judge, this is the only difference;[2] but it is perfectly plain that the commentators on the Vedas (who have all written with a strong prejudice in favour of one philosophical system, and in order to support it) have really to answer for the loss of many Vedic works, though they have unquestionably been on the whole of great importance for the preservation of the early Sanskrit literature. That all the commentaries we now have come from the adherents of some form of Vedântism is perfectly intelligible, but it is beyond doubt that (except Sâyaṇa, who wrote in fear of the rapidly advancing Muhammadan civilization, and in hopes of checking it) none of the commentators wrote upon works other than those that suited their purpose, and that the Mîmâṁsists and Vedântists have really settled what of the Vedic literature should be preserved. Works which suited the views of neither school were not commented on and infallibly perished, and it is

[1] v. my Catalogue, p. 39.

[2] It is remarkable, however, that in his Commentary on the Shaḍviṅçabrâhmaṇa (v. Weber's "Omina und Portenta") Sâyaṇa says he has explained certain verses in the Uttaragrantha, which (as Professor Weber remarks) are not to be found in the Uttarârcika. Sâyaṇa also does not notice that passages mentioned in I. 3, 5; 4, 21; 5, 11; 7, 11: II. 4, 9 (= R̥.V. i. 50, 10); 5, 8 (= do.): III. 8, 4; 4, 4, are not to be found in the R̥.V. as we have it. A complete list of all the passages that can still be found will be given at the close of this edition.

probable that much of the Vedic saṁhitâs has been lost owing to this cause. Two directions only were possible to the students of the Vedic literature: one the older ritualist school of the Mîmâṁsâ, older because it approaches nearest to the spirit of the Vedas; and the Vedânta or pantheistic school; and to these schools we owe all that we have left of that strange and interesting picture of the ancient Indians.

NOTE.

§ 1.

For this first edition of the Sâmavidhânabrâhmaṇa, the following MSS. have been used:—

A. The Grantha MS. of the text described in my Catalogue (p. 51), under No. clvi.[1] This MS. dates from about 1820.

B. The MS. of the text in the Bodleian, described by Professor Aufrecht in his "Catalogus" (p. 378 *b*), as written in 1761 by Dhaneçvarapurushottama. I owe the collation of this to the kindness of Dr. Eggeling.

C. The Grantha MS. of the text and commentary, described in my Catalogue, under No. clvii., and which may have been copied about 1820–30. I am convinced that this MS. was copied from a Devanâgarî original, as some letters have been confounded which could only have given rise to such mistakes in their Devanâgarî form.

C². A Devanâgarî transcript of the text and commentary belonging to Dr. Max Müller, and which he has most kindly allowed me to use.

D. A Devanâgarî MS. of the text in the Colebrooke Collection in the India Office Library (No. 665). This volume consists of copies of a number of tracts connected with the Sâma-veda, and especially part of the Âraṇyagâna, made at the beginning of this century for Mr. Colebrooke. These transcripts form a large 4to. volume, written in the European style and on foolscap paper. In prapâṭhaka 2 the water-mark of the paper is 1802.

[1] Since this little work was printed, the MSS. described in it and many others have been deposited by me in the India Office Library.

In no case is the text accented.

All these MSS. are decidedly *not* of the first class; considered on the whole, perhaps B and C^2 are the best, though I consider that C gives the most complete text of the Commentary. How much C and C^2 differ may be seen by the notes to the text. The MSS. of the text are all full of mistakes and omissions. Various readings can scarcely be said to occur, and I have not noticed omissions which in nearly every case made nonsense of or mutilated the text, and against which there is the decisive evidence of the Commentary. Much as C and C^2 do occasionally differ, they both clearly point to precisely the same text.

§ 2.

The orthography of the Sâma-veda and its Brâhmaṇas is unfortunately as yet an open question, and must remain so till the discovery of the Sâma-veda Prâtiçâkhya.[1] The MSS. of the text of the Sâmavidhânabrâhmaṇa differ much, chiefly in the use of the sign ँ. B, C^2 and D use this sign before sibilants, and in much the same position as MSS. of the other Vedas. A and C use only the simple anusvâra, and I have retained ँ only where it is etymologically required. The quotations from the Sâma-veda follow closely the same orthography as that established by Professor Benfey in his invaluable edition of the Sâma-veda Ârcikas. As they are unaccented in the MSS., I have, of course, left them so. In other respects the text appeared to conform to the rules laid down by Sanskrit grammarians, which I have followed.

The system of transcription used for the Commentary needs remark. I was originally induced to adopt the Roman character in order to escape the great labour of transcribing in the Devanâgarî character. Now it is finished I must admit that this was a mistake. The trouble and loss of time occupied in making a transcript are certainly lessened, but, on the other hand, it is almost impossible to insure the text being printed correctly, and the labour of revision is three times as great as for the Devanâgarî part. The system of transcription I have

[1] That there was such a work has been proved by Dr. Goldstücker (*Academy* for July 9, 1870, p. 270). Can the Ṛiktantra be intended?

adopted differs but little[1] from that given in Lepsius' "Standard Alphabet," and is as follows:

a, â, i, î, u, û, ṛi, ṛî, lṛi, e, ai, o, au.

k,	kh,	g,	gh,	ṅ			
c,	ch,	j,	jh,	ñ			
ṭ,	ṭh,	ḍ,	ḍh,	ṇ			
t,	th,	d,	dh,	n			
p,	ph,	b,	bh,	m			
y,	r,	l,	v,	ç,	sh,	s,	h,

x = ksh, ṁ = anusvâra, and ḥ = visarga.

I have besides freed from Sandhi all quotations, and marked the words in question by inverted commas. Quotations from other parts of the text than that which is being discussed are marked by single inverted commas.

Where I could identify Sâyaṇa's quotations, I have noted the places where they are to be found.

As regards the sign | used for punctuation, it has been placed where the sense seemed to require it, and therefore must be considered as to a great extent arbitrary. The MSS. were in nine cases out of ten so plainly wrong in their punctuation, as to make it useless to pay any attention to them in this respect.

In the MSS. of the text the Sandhi is continuous to the end of each khaṇḍa, but as the text has been divided (according to the commentary) for convenience of reference in the index of words, it has been impossible to preserve this.

§ 3.

Lastly, I must gratefully acknowledge the kind assistance of friends. I have already mentioned my obligations to Professor Max Müller and Dr. Eggeling. Dr. Rost (as he has done for several years) has most kindly given me the benefit of his vast knowledge. To Professor Goldstücker, however, my thanks are chiefly due. The greater part of this work was done in Algeria; proof-sheets had to be corrected at

[1] Viz., in 7 letters, ṛi (for ṛ), lṛi (for ḷ), ñ (for ń), ç (for ś), sh (for ṣ), añ (for ṃ) and aḥ (for a꞉).

places on the Continent, and in England far from the press, and a few even in India. Prof. Goldstücker not only aided me then, but on my departure for India in 1870 (September), he most kindly undertook to read the remaining proofs. Constant illness, however, and his lamented death in March, 1872, prevented his completing this labour of disinterested kindness, and my absence in India with occupations that left me hardly a moment of leisure, seemed likely to render useless all that had been done. Dr. Rost, however, came to my help; and if this edition is of any use to Sanskritists, they must thank him for it. What errors there are in it, and they are probably many, the circumstances I have mentioned above will explain, as also the delay in the publication of this first volume. The second volume, containing the translation, with copious notes and indexes, will, I trust, soon be ready.

MANGALORE, 1873. A. B.

LIST OF ABBREVIATIONS.

Â. S. Âraṇyakasaṁhitâ (MS.).
Â. G. and Âr. G. Âraṇyagâna (MS.).
Âçv. K. S. Âçvalâyana Kalpasûtra (in the Bibl. Indica).
Ch. Up. Chândogya Upanishad (in the same series).
Dh. p. Dhâtupâṭha (in Westergaard's "Radices," and compared with a MS. of the Mâdhavîyadhâtuvṛitti).
Gr. G. G. Grâmageyagâna (MS.).
M. Mahânâmnî hymns (MS.). Dr. S. Goldschmidt's excellent edition of the viith prap. of the Sâma-veda P. A. was unfortunately not known to me in 1870.
M. Dh. Ç. Mânavadharmaçâstra (ed. Haughton).
P. Pâṇini (ed. Calc., 1810).
R. G. Rahasya- or Uhya-gâna (MS.).
Ṛ. V. Ṛigveda (ed. Aufrecht).
S. V. Sâmavedasaṁhitâ (ed. Benfey).
Û. G. Ûhagâna (MS.).
VV. SS. Vedic Saṁhitâs.

ATHA

SÂMAVIDHÂNABRÂHMAṆAM.

Vâgîçâdyâḥ sumanasaḥ sarvârthânâm upakrame |
yaṁ natvâ kṛitakṛityâḥ syus taṁ namâmi gajânanam | 1 |
yasya niḥçvasitaṁ vedâ[1] yo vedebhyo 'khilaṁ jagat |
nirmame tam ahaṁ vande vidyâtîrthaṁ[2] maheçvaram | 2 |
yatkaṭâxeṇa tadrûpaṁ dadhad bukkamahîpatiḥ |
âdiçat sâyaṇâcâryaṁ vedârthasya prakâçane | 3 |
ye pûrvottaramîmâṅse te vyâkhyâyâtisaṅgrahât |
kṛipâluḥ sâyaṇâcâryo vedârthaṁ vaktum udyataḥ | 4 |
vyâkhyâtâv ṛigyajurvedau sâmavedo 'pi saṁhitâ[3] |
vyâkhyâtâ brâhmaṇasyâtha vyâkhyânaṁ sampravartate | 5 |
ashṭau hi brâhmaṇagranthâḥ prauḍhaṁ brâhmaṇam âdimam |
shaḍviṅçâkhyaṁ dvitîyaṁ syât tataḥ sâmavidhir bhavet | 6 |
ârsheyaṁ devatâdhyâyo bhaved upanishat tataḥ |
saṁhitopanishad vaṅço granthâ ashṭâv itîritâḥ | 7 |

Tatra mahâbrâhmaṇashaḍviṅçâkhyayor[4] granthayor yajñâdhikâriṇâṁ svargâdiphalaprâptaye ekâhâhînasattrâtmakâ mahâkratavaḥ pratipâditâḥ | atha sâmavidhânâkhyo tṛitîyo brâhmaṇagrantho teshv anadhikṛitânâṁ vaxyamâṇâjapṛiçnivaikhânasâdînâṁ teshv açaktânâm anyeshâṁ ca çuddhyarthaṁ kṛicchrâdiprâyaçcittâni | tair apahatapâpmanâṁ svargâdiphalaprâptaye

[1] c[1] veda. [2] c[1] tîrthaṁ mahe°. [3] c[1] saṁhitâḥ. [4] c[1] mahâshaḍviṅça°.

japyâni[1] bahuvidhâny agnihotrapratyâmnâyarûpâṇi[2] sâmâni vidhâsyante | ata[3] evâsya sâmavidhânam iti nâma saṁpannam | âdau[4] tâvat prajâpatiḥ kṛitsnaṁ bhûtajâtaṁ sṛishṭvâ "tasya sâmopajîvanaṁ prâyacchat"—iti pratipâdayishyamâṇatvât tad-upajîvyabhûtaprapañcasṛishṭipratipâdanâya tatprâgavasthâm âha

1. ब्रह्म ह वा इदमग्र आसीत् ।

"idam"—nâmarûpâtmakaṁ pratîyamânaṁ prapañcajâtam | "agre"—sṛishṭeḥ pûrvaṁ pralayâvasthâyâṁ "brahma ha vâ âsît" | "ha"—iti prasiddhau | "sâ ca sad eva saumyedam" "âtmâ vâ idam eka evâgra âsît"—ityâdiçrutyantarâpexayâ | "vai"—ity evakârârthaḥ | atra "yaḥ sthâṇuḥ sa purushaḥ"—iti "yad idaṁ brahmâsît"—ity abâdhâyâṁ sâmânâdhikaraṇyam | idaṁ sarvaṁ kâraṇarûpaṁ brahmaivâsît | nâkâryaṁ kiṁcid apîty arthaḥ | nâtra brahmaçabdena kûṭasthaṁ caitanyaṁ vivaxitaṁ tasyâvikâritvena punaḥ prâṇikarmaparipâkavelâyâṁ tato jagadutpattyasambhavât | tasmân mâyopâdhikam eva caitanyaṁ vivaxyate | tathâ câyam arthaḥ—idaṁ nâmarûpaghaṭitaṁ jagat pûrvaṁ taptâyaḥpiṇḍavan mâyâvibhâgâpanne kâraṇarûpe brahmaṇy avyâkṛitanâmarûpaṁ sadâ sthitam ity arthaḥ | atha brahmaṇaḥ sakâçâd dhiraṇyagarbhotpattiprakâram âha—

2. तस्य तेजोऽत्यरिच्यत स ब्रह्मा समभवत् ।

"tasya"—uktalaxaṇasya sisṛixor brahmaṇo 'tra saṁhârahetubhûta—"tejo" mâyâdhishṭhânabhûtasrashṭavyavishayasâmarthyopetaṁ sattvâkhyaṁ vijñânam—"atyaricyata"—rajastamasîbhibhûya svayam evâtirikto 'bhavat | so 'tiriktaḥ sattvaguṇo mâyâṅçatrikaḥ[6]—"brahmâ"—vyashṭisamashṭyâtmanâ parivṛiḍhaḥ prâṇahiraṇyagarbhasûtrâtmâdisaṁjñaḥ[7]—"samabhavat"—samyag utpanno 'bhût | atha tasmâd virâḍutpattim âha—

3. स तूष्णीं मनसाध्यायत्तस्य यन्मन आसीत्स प्रजापतिरभवत् ।

"saḥ"—hiraṇyagarbhâkhyo brahmâ—"tûshṇîm"—uparatasama-

[1] c² om. [2] c² brâhmaṇabahuvidhânâgnihotrâdipra°. [3] c² tata.
[4] c² âdau (atrâdau tâvat. [5] c¹ upadravya. [6] c¹ mâyâṅçaḥ. [7] c¹ °saṁjñakaḥ.

stavyâpâraḥ san—"manasâ"—kevalena nirvishayeṇa—"adhyâyat" srashṭavyavishayacittam akarot | "tasya" dhyâyamânasya brahmaṇaḥ—"yan manah"—yâ mananâtmikâ srashṭavyopâyavishayâ karaṇaçaktiḥ | ataḥ saiva—"prajâpatiḥ"—manorûpâ çaktiḥ | prajâpatiḥ prajânâṁ srashṭâ | etannâmako virâḍâdisaṁjñayâ vyavahriyamâṇaḥ—"abhavat"—sambhûtaḥ | atra brahmaprajâpatyor yady api sṛishṭirûpakâryaikatvâd ekatvaṁ tathâpi brahmaṇaḥ sthûlasûxmakâryaçarîropâdhibhedena bhedanirdeçaḥ | asti ca çrutishu sarvatra bhedanirdeçaḥ | tathâ hi—"tvaṁ rudras tvaṁ brahma tvaṁ prajâpatiḥ"—ityâdishu | tathoparishṭâd api—"krushṭaḥ prâjâpatyo brâhmo vâ vaiçvadevo vâ"—iti bhedena nirdexyate | atha prajâpater manaḥsaṁbandhitvaprasaṅgena[1] tadîyo karmaṇi kaṁcid viçesham âha—

4. तस्मात्प्राजापत्यं मनसा जुहोति मनो हि प्रजापतिः ।

yasmât prajâpatir brahmânurûpo manorûpo 'bhût—"prâjâpatyâm"—prajâpatidevatâkâm âhutim—"manasâ"—mânasena mantram anuccârayann[2] eva juhvati | asya manorûpatvaṁ prasiddham evâha—"mano hi prajâpatiḥ"—brahmânurûpaḥ khalu | hiçabdo "mana iva hi prajâpatiḥ"—ityâdiçrutyantaraprasiddhadyotanârthaḥ | atha prajâpateḥ kṛitanaprapañcamayaçarîrâtmakatâm âha—

5. तस्य द्यौः शिर उरो ऽन्तरिक्षं मध्यं समुद्रः पृथिवी पादौ ।

"tasya"—virâḍâkhyasya prajâpateḥ—"çiraḥ"—uttamâṅgaṁ dyaur loka âsît | "uraḥ"—vaxas tadupalaxito madhyadeçaḥ | "antarixam" | antarixam eva tadâkhyaṁ[3] yad dyâvâpṛithivyor "madhyam" sthânîyaṁ madhyabhâgam âsît | "tad antarixam antam bhavati"—iti niruktiḥ[4] | katham[5] | madhyaṁ madhyabhâgântaḥpradeçavarti mûtrodakam[6] | âçrayiṇy âçrayaçabdaḥ | atas tat "samudraḥ" âsît | tathâ—"pṛithivî"—prathitâ bhûmiḥ—"pâdau"—pâdadvayasthânîyâsît | etâvatâ tasya lokatrayâtmakatvam uktam | asya "dyauḥ-çiras"-tvâdyavayavarûpatvam upanishadi

[1] c² °bandhitvât pra°. [2] c² uccârayann. [3] c² etadâ°.
[4] c² niruktam. [5] c² tathâ. [6] c² °tat mûtrodake.

vaiçvânaravidyâyâm—"tasya ha vâ etasyâ [tmanaḥ] vaiçvânarasya mûrddhaiva sutejâç caxur viçvarûpaḥ" (*Ch. Up.* v. 18, 2) —ityâdinâ çrutam | uktalokatrayâtmakatâsiddhaye tata eva jagatsrishṭisrishṭasyopajîvanâya sâmapradânaṁ câha—

6. स वा इदं विश्वभूतमसृजत तस्य सामोपजीवनं प्रायच्छत् ।

"vai"-çabdaḥ prasiddhau | "sa" khalu prajâpatiḥ—"idam" —pratîyamânaṁ "viçvaṁ bhûtaṁ" kritsnaṁ devatiryańmanushyâdibhûtajâtam | "asrijata"—srishṭavân | "tasyopajîvanaṁ" jîvanasâdhanam | "prâyacchat"—prakarsheṇa dattavân | atha vedituḥ phalam âha—

7. उपजीवनीयो भवति य एवं वेद ।

"yaḥ"—pumân | "evam"—jagata upajîvanapradânam | "veda" jânâti sa sarvair "upajîvanîyo bhavati" | enaṁ sarva upajîvantîty arthaḥ | dhanakanakâdibhir âḍhyo bhavatîti yâvaj jagataḥ sâmopajîvanaṁ prâyacchad ity uktam | kasya kaṁ bhâgaṁ ka upajîvantîti jijñâsâyâṁ tad vivicya darçayati—

8. यो ऽसौ क्रुष्टतम इव साम्नः स्वरस्तं देवा उपजीवन्ति यो ऽवरेषां प्रथमस्तं मनुष्या यो द्वितीयस्तं गन्धर्वाप्सरसो यस्तृतीयस्तं पशवो यश्चतुर्थस्तं पितरो ये चाण्डेषु शेरते यः पञ्चमस्तमसुररक्षांसि यो ऽन्त्यस्तमोषधयो वनस्पतयो यच्चान्यज्जगदाहुः सामैवाहमिति साम ह्येषामुपजीवनं प्रायच्छत् ।

ayam arthaḥ | upâṁçuvyatiriktâ sarvâ vâń mandramadhyamottamabhedena tristhânâ bhavati | tatra mandrasthânâ vâk saptadhâ krushṭâdisaptasvararûpety arthaḥ | krushṭâdaya eva yamâ ucyante te cottarottaraṁ nîcâ bhavanti | evaṁ madhyamottamasthâne[1] 'pi vâcau veditavye | amum evârthaṁ çaunaka âha pârshade—"trîṇi mandraṁ madhyamam uttamaṁ ca sthânâny âhuḥ saptayamâni vâcaḥ | anantaraç câtra yamo 'viçishṭaḥ sapta svarâ ye yamâs te prithag vâ" iti (*Rig V. Prâtiçâkhya, ed. Max Müller*, 750-3 (*paṭala* xiii. 17) | 'anantaraḥ'

[1] c² madhyottamasvarane.

—ity asya vâkyasyâyam arthaḥ | yeshu yameshv anantaro 'vyavahito yamaḥ saḥ 'aviçishṭaḥ' aspashṭaviçesha ity arthaḥ | viprakṛishṭo yamo bhedena jñâtuṁ çakyate na saṁnikṛishṭa iti | tathâ—'sapta svarâḥ'—ity asyâyam arthaḥ | 'ye yamâḥ' ity uktâḥ 'sapta svarâḥ' shaḍjâdayaḥ 'pṛithag vâ' krushṭâdayaḥ[1] shaḍjâdibhyo 'nyâ eva bodhavyâ ity evaṁ sati teshu krushṭâdisaṁjñakeshu shaḍjâdisaptasvareshu madhye "yo 'sau sâmnaḥ" saṁbandhî "krushṭatamaḥ"—"iva"—ity evakârârtho 'tyantam uccasvara evâsti gânakâle taṁ svaraṁ "devâḥ"—indrâdayaḥ—"upajîvanti"—tena tṛiptâ bhavantîty arthaḥ | evam uttareshv api yojyaḥ | yaç ca "svareshâm" avaçishṭânâṁ shaṇṇâṁ madhye "prathamaḥ" mukhyo 'sti "taṁ manushyâ upajîvanti" | dvitîyam—"gandharvâpsarasaḥ"—gandharvâ apsarasaç copajîvanti | tṛitîyaṁ gavâdi—"paçavaḥ" | caturthaṁ "pitaraḥ"—kiñca "ye" prâṇinaḥ sarveshu brahmâ—"ṇḍeshu çerate"—nivasanti | pañcamaṁ svaram—"asuraraxâṁsi"—asurâç ca raxâṁsi ca | "yo 'ntyaḥ" shashṭaḥ svaras tam "oshadhayo vanaspatayaç" ca | "yac cânyad"—anuktam—"jagat"—jâgatam asti tac ceti kṛitsnajagatsâmopajîvanatvaprasiddhir uktâpexety âha—"tasmâd âhuḥ sâmaivânnam iti sâma hy eshâm upajîvanaṁ prâyacchat"—iti yasmâd uktena prakâreṇa devâdayaḥ sâmopajîvanti "tasmât—sâmaivânnam"—iti brahmavâdinaḥ—"âhuḥ"—bruvate | tad evâha—"hi"—yataḥ—"eshâm" devâdînâṁ sâmopajîvanaṁ "prâyacchat"—prajâpatiḥ[2] | ata âhur iti | uktaprakârasâmânnatvaprasiddhyânuvâdo 'yam | uktârthasya vedituḥ[3] phalam âha—

9. उपजीवनीयो भवति य एवं वेद ।

ukto 'rthaḥ | adhikṛitasya sâmnaḥ prarocanârthaṁ prasaṅgâd viçishṭaphalasâdhanâni kânicit sâmno dhyânâni vidadhâti | tatrâdau purushatvadhyânâyâvayavakalpanâm âha—

10. तस्य ह वा एतस्य साम्नः श्रीरेवाक्षीणि स्वरो मांसानि स्तोभा लोमानि ।

[1] c[3] *inserts* pṛithag vâ *after* krushṭâdayaḥ.
[2] c[3] *omits fr.* yasmâd uktena prakâreṇa *to* prajâpatiḥ.
[3] c[3] uktârthaveditaḥ.

"tasya ha vai"—uktamahimopetasyaiva "etasya"—idânîṁ nirdiçyamânasya "sâmnaḥ ṛig evâsthini" | evam uttarayor api "tasya ha vâ etasya"—iti yojyam | ṛicaḥ sâmno mukhyâdhâratvâd asthitvakalpanam | svarâṇâm apy ṛigâçritatvâd asthivahirbhûtamâṅsatvakalpanam | stobhânâm api tato 'pi vahirvishayatvât lomatvakalpanaṁ | atha tasyaiva sâmnaḥ[1] svatvasuvarṇatvayor dhyânam âha—

11. यो ह वै साम्नः स्वं यः सुवर्णं वेद स्वं च ह वै साम्नः सुवर्णं च भवति स्वरो वाव साम्नः स्वं तदेव सुवर्णम् ।

"yo ha vai sâmnaḥ svam"—dravyaṁ "veda"—yaç ca svaviçesharûpam[2]—"suvarṇam"—çobhanavarṇopetaṁ hiraṇyaṁ "veda" sa dravyasya[3] vettâ svayam eva sâmnaḥ svasuvarṇayoḥ sthâniyo bhavati[4] jñâtaṁ sâmaviçishṭaphalasâdhanaṁ bhavatity arthaḥ | kiṁ tat "sâmnaḥ svaṁ suvarṇaṁ ca"—ity âkâṅxâyâm âha—"svaro vâva sâmnaḥ svaṁ tad eva suvarṇam"—iti | "svaro vâva" krushṭâdisaptabhinnasvara eva sâmnaḥ svam | svarâdhînatvât sâmasvarûpasya tad eva suvarṇam | athânyat sâmno gâtavyasvarûpam âha—

12. यो ह वै साम्नः प्रतिष्ठां वेद प्रति ह तिष्ठत्यस्मिंश्च लोके ऽमुष्मिंश्च वाग्वाव साम्नः प्रतिष्ठा यद्वेतद्वागित्यृचैव सर्वं साम प्रतिष्ठितम् ।

"yaḥ"— ucchritaṁ[5] sâmnaḥ—"pratishṭhâm"—âspadam evakarmâçrayaṁ "veda" sâxâd vidvân[6]—"prati ha tishṭhati"—pratishṭhitaḥ khalu | kutreti tad ucyate—"asmiṅç ca loke"—bhuvi | "amushmiṅç ca" loke—svarge | ubhayatra | parasparâpexaç caçabdaḥ | iha jîvan paçvâdibhiḥ pratishṭhito bhavati | dehânto svarge saṁkalpasiddhair bhogair ity arthaḥ | sâmnaḥ kâ pratishṭheti cocyate—"vâg vâva sâmnaḥ pratishṭhâ" | atra vâkçabdasyarkparatâm âha—"yadv etad"—yad u etad iti padacchedaḥ | uçabda evakârârthe—vâg eveti | yad etad[7] asti sâ "ṛig

[1] c² *omits* sâmnaḥ. [2] c¹ svaṁ viçeshaṙûpaṁ. [3] c² *omits* dravyasya. [4] c¹ jayati.
[5] c¹ udgâtâ. [6] c¹ sa udgâtâ. [7] c³ eva tad.

eva"[1] | atrargvyatiriktasyâ[2]nyasya vacaso granthendriyasya vâ prayojakatvâd iti tâvad ṛigâçrayatvam âha | "ṛici" gâyatryâdicchandobaddhâyâṁ sâmagîtyâtmakaṁ rathantarâdi "pratishṭhitam" | atha nirvacanena sâma praçaṁsati—

13. स यदा गायत्रं बृहत्यां गायति बार्हतं जगत्यां गायति त्रिष्टुभि: समतां आपद्यते तस्मादेतत्सामेत्याह समा उ ह वा अस्मिंश्छन्दांसि साम्यादिति तत्साम्नः सामत्वम् ।

"saḥ"—gâtâ yadâsmin prayogakâle—"gâyatram"—gâyatrîchandaskâyâm ṛicy utpannaṁ sâma—"bṛihatyâm"—bṛihatîchandaskâyâm ṛici "gâyati" | tadâ—"samatâm âpadyate" iti sambandhaḥ | tathâ hi "açvaṁ na tvâ" ity (*S. V.* i. 1, 1, 2, 7.) asyâṁ gâyatryâm ṛicy utpannaṁ vâravantîyasaṁjñakaṁ gâyatraṁ sâma—"abhi tvâ çûra nonumaḥ" ity (*S. V.* i. 3, 1, 5, 1) etasyâṁ[3] gîyamânaṁ sat "samatâm âpadyate" | nyûnacchandaskâyâṁ gîyamânam aparimitaṁ sâmâdhikacchandaskâyâm gîyamânam api parimitam eva bhavati | nâxarasvarastobhavikârair atiriktaṁ bhavati | evam uttareshv api yojyam | tathâ bṛihatyâṁ "punânaḥ soma" (*S. V.* i. 6. 1, 3, 1 or 9)—| ity asyâm utpannam—"bârhatam"—sâma—"jagatyâm"—jagatîchandaskâsu "yajñâyajnâ" (*S. V.* i. 1, 4, 1.) "abhi priyâṇi" (*S. V.* i. 6, 2, 2, 1) "vṛishâ matînâm" (*S. V.* i. 6, 2, 2, 6)—ityâdishu gîyamânaṁ sâma "samatâm âpadyate" | tathâ "jâgatam" "pṛixasya vṛishṇaḥ" (*Âr. S.* iii. 8) ity asyâṁ jagatyâm utpannaṁ "mûrdhânaṁ divaḥ" (*S. V.* i. 1, 2, 2, 5) ityâdishu trishṭupchandaskâsu gîyamânaṁ sâma "samatâm âpadyate" | yasmâd eva "tasmâd" gîtyâtmakâsu "sâmety âha" brûte vidvajjanaḥ | na kevalam asya bahûnâṁ chandasâṁ samatvât sâmatvam api tu "asmin"—iti jâtyâv ekavacanam | eshu bahushu sâmasu rathantarâdishu pratyekaṁ chandâṁsi gâyatryâdîni | "samâ u ha vai"—u ity avadhâraṇe | "ha vai" iti prasiddhau | sâmâny eva khalu | tatrotpattim âha—"sâmyât iti"—

[1] c² eveti. [2] c² *reads* ṛico vyatiriktasya. [3] c² *omits* gâyatram – etasyâṁ.

sâmânyaçabdât samaçabdassmânârthâd ânkârasya dirghalopaḥ | dirghalope sâmyam iti bhavati | yadvâ samânatvaṁ sâmyam âmnâya ity âmnâtaṁ samânaṁ ca tadâmnaṁ ceti samânâmnaṁ samânasya chandasityâdinâ samânaçabdasya satve kṛite sâmnam iti bhavati tasya bhâvaḥ sâmyaṁ tasmât sâmânyât samânâmnatvâd ity arthaḥ | bahûnâṁ hi sâmnâm samânam ekaṁ chanda âmnâyate | "tat" tasmât samânâyâm ṛici bahûni sâmâni giyante | tasmâd api "sâmnaḥ sâmatvaṁ" sampannam iti | atha krushṭâdisaptasvarâṇâṁ kramena devatâ âha—

14. क्रुष्टः प्राजापत्यो ब्राह्मो वा वैश्वदेवो वादित्यानां प्रथमः साध्यानां द्वितीयो ऽग्नेस्तृतीयो वायोश्चतुर्थः सोमो मन्द्रो मित्रावरुणयोरतिस्वार्यः ।

yaḥ krushṭâkhya uttamasvaro 'sti tasya prajâpatir brahmâ viçve devâs trayo vikalpena devatâḥ | prajâpatir virâṭ | brahmâ hiraṇyagarbha iti vivekaḥ | çishṭaṁ spashṭam | "mandro" 'vareshâṁ madhye pañcamaḥ svaraḥ | "atisvâryaḥ" shashṭaḥ | atha yajñânadhikâriṇâṁ dvijâtînâṁ svargâdiphalâya sâmâdhyayanaṁ vidhitsus tadadhikâriṇâṁ svargaphalâya prajâpatir yajñakratûn prâyacchad ity âha—

15. ते देवाः प्रजापतिमुपाधावंस्ते ऽब्रुवन्कथं नु वयं स्वर्गं लोकमियामेति तेभ्य एतान्यज्ञक्रतून्प्रायच्छत्तैः स्वर्गं लोकमेष्यथेति तैः स्वर्गं लोकमायन् ।

"sa vâ idaṁ viçvaṁ bhûtam asṛijata" ity ukteshu devâdibhûtajâteshu madhye—"te devâḥ"—kecid devatâtmakâḥ svargâkhyasukhaviçeshopâyajñânârthena—"prajâpatim"—svapitaram—"upâdhâvan"—abhiprâptâḥ | tebhyaḥ svargasâdhanatvena—"etân"—prauḍhabrâhmaṇashaḍviṁçayor abhihitân ekâhâhînasattrâtmakân—"yajñakratûn"—yajñakarmâṇi prâyacchat | "etaiḥ svargaṁ" prâptâḥ | subodham anyat | athoktaveditûḥ phalam âha—

16. स्वर्गं लोकमेति य एवं वेद ।

spashṭo 'rthaḥ | idânîṁ yajñânadhikâriṇâṁ phalâya[1] sâmasvâdhyâyâdhyayanaṁ tapaç ca prâyaçcittam ity âha—

17. तेषामहीयन्ताजाः पृश्नयो वैखानसा वसुरोचिषो ये चापूता ये च कामेप्सवस्ते ऽब्रुवन्कथं नु वयं स्वर्गं लोकमियामेति तेभ्य एतत्स्वाध्याया- ध्ययनं प्रायच्छत्तपश्चेति ताभ्यां स्वर्गं लोकमेष्यथेति ताभ्यां स्वर्गं लोकमा- यन् ।

"teshâm"—prajâpatisṛishṭânâṁ[2] madhye kecana devavyatiriktâ ajapṛiçnyâdayaḥ—"ahîyanta" yâgânadhikâreṇa svargaphalatâhînâ abhavan | ajâdayaḥ—ṛishigaṇâḥ | "vaikhânasâḥ"—kecana çatasaṁkhyâkâ mantradṛiçaḥ | tathâ—"ye câpûtâḥ"—yâgasâdhanâdhyayanâdi[3]çuddhirahitâḥ | "ye ca kâmepsavaḥ" çuddhâ api tucchabhûtaihikaphalaikatatparâ uktavyatiriktâ yajñâdhikâreṇa hînâ abhavan | "te" sarve prajâpatiṁ "katham" idânîṁ "svargam iyâmety abruvan" | sa coktaḥ prajâpatiḥ—"tebhyaḥ"—ajâdibhyaḥ "svâdhyâyâdhyayanaṁ tapaç ca" dattvâ—"etâbhyâṁ svargam eshyatha"—ity abravît | te ca "tâbhyâṁ svargaṁ lokam âyan" | atha vedituḥ phalam âha—

18. स्वर्गं लोकमेति य एवं वेद य एवं वेद ॥ १ ॥

spashṭo 'rthaḥ | khaṇḍasamâptyartho 'bhyâsaḥ |

iti sâyaṇâcâryaviracite mâdhavîye vedârthaprakâçe sâmavidhânâkhye brâhmaṇe prathamâdhyâye prathamaḥ khaṇḍaḥ |

2. Prathamakhaṇḍe prajâpatiḥ kṛitsnaṁ jagat sṛishṭvâ tasyopajîvanâya sâma svargaprâptyupâyatvena yajñakratûṁç ca prâdât | tatra devâs tathâ svargam âyan | teshu madhye 'jâḥ pṛiçnaya ityâdînâṁ svargaṁ prâptum açaktânâṁ svâdhyâyâdhyayanaṁ tapaç ca prâdâd ity uktam | tatra svâdhyâyâdhyayanam uttaratra vidhâsyate | iha tu tapo vidhâtum âdau pratijânîte—

1. अथातस्त्रीन्कृच्छ्रान्व्याख्यास्यामः ।

"atha"-çabdo 'trânantarye vartate | athânantaram "ataḥ"-çabdo

[1] c² mahatphalâya. [2] c² *inserts* bhûtânâm. [3] c² 'âdijanyaçuddhi'.

hetuvacanaḥ | yato 'pûtânâṁ[1] yajñâdyaçaktânâṁ ca kṛicchrâdilaxaṇatapobhir[2] vinâdhikârâbhâvân[3] na svargaprâptir ata ity arthaḥ | "trîn"—kṛicchrâtikṛicchrakṛicchrâtikṛicchrabhedena trividhâṁs tapoviçeshân vyâkhyâsyâmaḥ | vivicyâsamantât kathayâma ity evaṁ pratijñâ | atha kṛicchrasvarûpaṁ tâvad vidhatte—

2. हविष्यान्प्रातराशान्भुक्त्वा तिस्रो रात्रीर्नाश्नीयात् ।

"tisro râtrîḥ"—atra râtriçabdena tatpratiyogikam ahorâtram api laxayati | trîn ahorâtrân ity arthaḥ | "nâçnîyât"—na bhuñjîtety arthaḥ[4] | trishv ahorâtreshu bhojanaṁ na kuryât | kiṁ kṛitvâ—"prâtarâçân"—prâtaḥçabdo 'trâharlaxakaḥ | prâtar açyanto bhujyanta iti prâtarâçâḥ | tâdṛiçân—"havishyân"—havishi yojyân xâralavaṇâdivarjitân "bhuktvâ" dinatraye 'py[5] ahani sakṛid eva bhuktvâ râtrau "nâçnîyât"—ity arthaḥ | evaṁ dvâdaçarâtridivasasâdhye kṛicchre[6] prathamadinatrayaniyamam uktvâ dvitîya dinatrayaniyamam âha[7]—

3. अथापरं त्र्यहं नक्तं भुञ्जीताथापरं त्र्यहं न कंचन[8] याचेदथापरं त्र्यहमुपवसेत् ।

"atha" prathamatryahaniyamânantaram—"aparaṁ tryaham" apareshu dvitîyadinatrayeshu—"naktam"—râtrau—"bhuñjîta"—açnîyât | havishyam iti çeshaḥ | atha tṛitîyadinatrayaṁ vidhatte—"athâparaṁ tryahaṁ na kaṁcana yâcet"—iti | atha dvitîyatryahaniyamânantaram "aparaṁ tryaham" apareshu tṛitîyadinatrayeshu—"na kaṁcana"—na kam apy âtmîyam anyaṁ vâ bhojanârthaṁ "yâcet" | ayâcitaṁ yady âgacchet tarhi havishyaṁ bhuñjîtety arthaḥ | atha caturthadinatrayaniyamaṁ vidhatte—"athâparaṁ tryaham upavaset"—iti | athânantaram apareshu caturthadinatrayeshu nâçnîyâd ity arthaḥ | etat kṛicchrasvarûpam ucyate | tathâ coktaṁ laxaṇam—

"tryahaṁ prâtas tryahaṁ sâyaṁ tryaham adyâd ayâcitam |

[1] c[3] yato 'japriçuînâṁ. [2] c[3] °tapo vinâ. [3] c[3] çuddhyabhâvân.
[4] c[3] na bhuñjîta trishv ahorâtreshu bhojanaṁ na kuryâd ity arthaḥ.
[5] c[3] *omits* api. [6] c[3] kṛicchravrate. [7] c[3] vidhatte. [8] A. न याचं.

tryahaṁ paraṁ ca nâçnîyât prâjâpatyaṁ caran dvijaḥ"—iti (*M. Dh. Ç.* xi. 211) atha kṛicchrâdiphalabhûtaçucitvâdeḥ xiprakâritvaṁ kâmayamânasya niyamaviçeshaṁ vidhatte—

4. तिष्ठेदहनि रात्रावासीत क्षिप्रकामः ।

"xiprakâmaḥ" vihitaçucitvâdiphalaṁ çighraṁ me syâd iti kâmayamânaḥ—"ahani"—divâ—"tishṭhet"—utthito bhaved âsanaçayanâdikaṁ na kuryâd ity arthaḥ | tathâ—"râtrâv âsîta"—upaviçen na çayanotthânaṁ kuryâd ity arthaḥ | atha kṛicchrâdikartuḥ "satyaṁ vadet"—ity ârabhya "brâhmaṇatarpaṇam"—ity antena vâkyajâtena vratâṅgabhûtaniyamaviçeshân âha—

5. सत्यं वदेदनार्यैर्न संभाषेत रौरवयौधाजये[1] नित्यं प्रयुञ्जीतानुसवनमुदकोपस्पर्शनमापोहिष्ठीयाभिरुदकतर्पणं नमो ऽहमाय मोहमाय मंहमाय धून्वते तापसाय पुनर्वसवे नमो नमो मौञ्ज्यायौर्व्याय सौव्याय ष्व्याय धिषाय नमो नमः पाराय सुपाराय महापाराय पारदाय पारयिष्णवाय नमो नमः पुरुषाय सुपुरुषाय महापुरुषाय मध्यमपुरुषायोत्तमपुरुषाय ब्रह्मचारिणे नमो नम इत्येतद्देवादित्योपस्थानमेता आज्याहुतयो द्वादशरात्रस्यान्ते स्थालीपाकं श्रपयित्वैताभ्यो देवताभ्यो जुहुयादग्नये स्वाहा सोमाय स्वाहाग्नीषोमाभ्यामिन्द्राग्निभ्यामिन्द्राय विश्वेभ्यो देवेभ्यो ब्रह्मणे प्रजापतये ऽग्नये स्विष्टकृत इत्यतो[3] ब्राह्मणतर्पणम् ।

vratakartâ yadâ vacanaṁ brûyât tadâ—"satyam"—yathârtham[4] eva brûyân na vratakâlo 'satyaṁ[5] vaded ity arthaḥ | "nânṛitât pâtakaṁ kiṁcit" | iti smṛitâv anṛitasya ninditatvât[6] | "anâryair na sambhâsheta"—iti | "anâryaiḥ"—vedaçâstrâdhikâriṇo brâhmaṇâditraivarṇikâ âryâs tadvyatiriktâ anâryâḥ çûdrapatitâdayaḥ | taiḥ saha na saṁbhâsheta | satyam anṛitaṁ vâ na kiṁcit saṁbhâshaṇaṁ kuryât | "rauravayaudhâjaye nityaṁ prayuñjîta"—ity etannâmanî—"punânaḥ soma dhârayâ" ity

[1] Ç. G. I. 1, 2, and 3.
[2] *S.V.* II. 9, 2, 10, 1.
[3] A. and D. इत्यतो.
[4] c² satyârthaṁ.
[5] c¹ anṛitaṁ vratakâle.
[6] c² atinindi-.

(*S. V.* i. 6, 1, 3, 1) asyâm ṛicy utpanne dve sâmanî—"nityam"—anudinaṁ—"prayuñjîta" | trivârâd avaraṁ yathâ bhavati[1] tathâ gâyed ity arthaḥ | "anuenvanam udakopasparçanam âpohishṭhîyâbhiḥ"—iti | "anusavanam"—savane savane prâtarâdishu trishu savaneshv ity arthaḥ | "âpohishṭhîyâbhiḥ"—âpohishṭhâçabdayuktâbhih tisṛibhir ṛigbhiḥ (*S. V.* ii. 9, 2, 10) | "udakopasparçanam"—jalâvagâhanaṁ snânaṁ kuryâd iti çeshaḥ | "athodakatarpaṇam"—iti | athodakasparçanânantaraṁ vaxyamâṇaiç caturbhir mantrair udakena tarpaṇaṁ kuryât | tatra prathamam âha—"namo . . . . . punarvasave namaḥ"—iti | yady apy atra devatâviçeshaḥ spashṭo[2] na pratîyate tathâpy etadâdînâṁ caturṇâṁ mantrâṇâm evottaratrâdityopasthâne 'tideçyamânatvâd eteshv apy âdityâbhimânî parameçvaraḥ pratipâdyata iti gamyate | "ahamâya"—aham ahaṁkâraḥ | tam mâti nirmâti kṛitsnaṁ jagad ity ahaṁmaḥ parameçvaraḥ | anusvârâbhâvaç chândasaḥ | tasmai namaḥ karomîti çeshaḥ | yadvâ "mâṅ mâne çabde ca" (*Dhâtupâṭha* 25, 6.) aham iti mîyate çabdyate sarvair manushyair ity ahaṁ parameçvaraḥ | ahamçabdavâcya ity arthaḥ | sarve hi janâḥ kas tvam iti pṛishṭâḥ—aham aham iti svâtmânaṁ kathayanti | tâdriçâya namaḥ | "mohamâya"—moho vaicitryam ajñânam taṁ mâtîti mohamaḥ | tasmai nama iti sarvatrânushajyate | "maṁhamâya"—maṁhanîyaṁ stutyaṁ yathâ bhavati tathâ kṛitsnaṁ nirmâtîti maṁhamaḥ | athavâ maṁhatir dânakarma svabhaktebhyo dânaṁ mâtîti tasmai namaḥ | "dhûnvate"—svabhaktânâṁ pâpaṁ vidhûnvan parihartâ parameçvaraḥ | tasmai namaḥ | "tâpasâya"—tapasviveshadharâya namaḥ | tapasvina ity arthaḥ | yadvâ tapa eva tâpasaṁ taporûpâya nama ity arthaḥ | "punarvasave"—punar vâsayati svaraçmibhiḥ kṛitsnaṁ jagad iti punarvasuḥ sûryâtmâ parameçvaraḥ | tasmai namaḥ—

atha dvitîyamantram âha—"namo . . . . namaḥ" iti | "mauñjyâya"—muñjavikâro mauñjaḥ | tadarhâya namaḥ | "aurmyâya"—ûrmir udakam | tadarhâya namaḥ | snânârthaṁ

[1] c^2 trivâraṁ gânaṁ yathâ bhavati.

[2] c^2 spashṭaṁ.

jalâvagâhina ity arthaḥ | "saumyâya"—ramaṇîyâya[1] namaḥ | "çamyâya"—çam iti karmanâma | tadarhâya namaḥ | sṛishṭyâdivyâpârayogyâyety arthaḥ | "çivâya"—maṅgalasvarûpâya[2] parameçvarâya namaḥ—

atha tṛitîyamantram âha—"namaḥ . . namaḥ"—iti | "pârâya"—karmaṇâm samâpakâya namaḥ | "supârâya"—sushṭukarmasamâpakâya namaḥ | tathâ—"mahâpârâya"—atyantam âdhikyena karmasamâpakâya namaḥ[3] | sumahacchabdayoḥ bhedo drashṭavyaḥ | "pâradâya"—uktaḥ pâraçabdârthaḥ | tasya dâtre namaḥ[3]—"pâravindâya"—tathâvidhapâraṁ labdhavate namaḥ | atha caturthamantram âha—"namaḥ purushâya . . namaḥ"—iti | "purushâya"—puri hṛidayapuṇḍarîke çeta iti vâ pûrṇatvâd vâ purushaḥ parameçvaraḥ | tasmai namaḥ | "supurushâya"—çobhanapurushâya namaḥ | "mahâpurushâya"—mahâṁç câsau purushaç ca[4] tasmai namaḥ | stutyair guṇaiḥ pravṛiddho ya ity arthaḥ | "madhyamapurushâya"—purushas trividho 'varamadhyamottamabhedena | avaro manushyâdiḥ[5] | madhyamo devâdiḥ | uttamas tatkâraṇabhûtaḥ parameçvaraḥ | tatra "purushaḥ"—ity anena manushyâdirûpaḥ | tasmai namaḥ | "uttamapurushâya"—uttamâya kâraṇabhûtâya[6] paramâtmane namaḥ | yad vâ virâḍḍhiraṇyagarbhaparamâtmabhedena purushasyâvaramadhyamottamatvam avagantavyam | "brahmacâriṇe namo nama iti"—brahma vedas tatra[7] carati gacchatiti brahmacârî | tasmai namaḥ | vedâdhigamyâyety arthaḥ | "taṁ tv aupanishadaṁ purusham"—ityâdiçruteḥ | bhaktyatiçayadyotanârthaḥ punarnamaḥçabdaḥ | "iti"-çabdo mantracatushṭayasamâptidyotanârthaḥ | tad eva mantracatushṭayena[8] sûryâbhimânî parmeçvaraḥ pratipâditaḥ | uktamantracatushṭayam âdityopasthânahomayor[9] apy

[1] c[2] atiramaṇîyâya.

[2] c[3] svarûpiṇe.

[3] c[3] *adds here*—sumahacchabdayoḥ karmasamâptitâratamyabhedena bhedo 'vagantavyaḥ | yad vâ pâram iti paratîram ucyate | saṁsârâbdheḥ pârabhûtâya prapañcâtîtasvapratishṭhitarûpâyety arthaḥ | asminn arthe pâratâratamyabhedena sumahacchabdayor abhedo drashṭavyaḥ |

[4] c[3] purushaḥ mahâpurushas tasmai.

[5] c[3] mânushâdi°.

[6] c[3] uktayogakâraṇabhûtâya.

[7] c[1] *omits* iti brahma vedas tatra, *but has instead* sarvavedavrataṁ.

[8] c[3] caturbhir mantraiḥ.

[9] c[7] âdityopasthânâjyahomayor.

atidiçati | "etad evâdityopasthânam etâ âjyâhutayaḥ"—ity upasthânaçabdasya napuṁsakaliṅgatvâpexayâ[1]—"etad"—iti napuṁsakaliṅgatvam | âhutiçabdasya[2] strîliṅgatvât tadapexayâ "etâḥ"—iti strîliṅgatvam | etad uktaṁ mantracatushṭayasâdhanam evâdityopasthânaṁ vratâṅgaṁ sûryopasthânaṁ kâryam iti çeshaḥ | etâ uktamantrasâdhanâç catasra âjyâhutayaḥ kâryâ iti çeshaḥ | "dvâdaçarâtrasyânte sthâlîpâkaṁ çrapayitvaitâbhyo devatâbhyo juhuyât"—iti dvâdaçarâtrasâdhyasya kṛicchrasya—"ante" avasâne—"sthâlîpâkam"—sthâlyâṁ pacyata iti sthâlîpâkaç caruḥ | tam—"çrapayitvâ"—paktvâ—"etâbhyo devatâbhyo" vaxyamâṇadevatâbhyo—"juhuyât"—homaṁ kuryât | "etâbhyaḥ"—ity uktâ devatâ abhidhatte—"agnaye svâhâ somâya svâhâgnîshomâbhyâm indrâgnibhyâm indrâya viçvebhyo devebhyo brahmaṇe prajâpataye 'gnaye svishṭakṛita iti"—iti prathamadvitîyamantragatasvâhâçabda uttaratra sarvatrânushajyate |—"svâhâ"—evaṁbhûtâbhyo devatâbhyaḥ sushṭhuhutam astu | itiçabdo mantrasamâptyarthaḥ | "ato brâhmaṇatarpaṇam"—ity atrâtaḥçabda ânantarye vartate | kasmâd anantaraṁ uktahomâd anantaraṁ brâhmaṇatarpaṇam | annasuvarṇâdikena brâhmaṇânâṁ praṇâmaṁ kuryâd iti çeshaḥ—

kṛicchrasvarûpaṁ vidhâya tam evâtikṛicchre 'py atidiçati—

6. एतेनैवातिकृच्छ्रो व्याख्यातः ।

"havishyân prâtarâçân bhuktvâ"—ityâdi "brâhmaṇatarpaṇam" ity anena[3] yat kṛicchrasvarûpam uktam "etenaiva" etâdṛiçena kṛicchrasvarûpeṇâ'tikṛicchra uktalaxaṇam | kṛicchram atîtya vartamânas tapoviçesho 'tikṛicchraḥ | sa ca vyâkhyâtaḥ | viçesheṇa kathitaḥ | tatra viçesham âha—

7. यावत्सकृदाददीत तावदश्नीयात् ।

prathamatryahe divaivâçnîyâd dvitîye naktam eva tṛitîye tv ayâcitam iti pûrvoktam atra tu teshu kâleshu "yâvat"—yatpra-

[1] c² 'patvaṁ tadapexayâ.
[2] c³ âjyâhutiçabdasya.
[3] c² anena vâkyajâtena yat, etc.
[4] c² 'pepsivâti'.

mâṇam açnuîyam—"sakṛit"—ekavâram—"âdadîta"—avikuryâd daxiṇena pâṇineti çeshaḥ | "tâvat"-pramâṇam "açnîyât"—na punar grâsaniyamaḥ | sakṛidâttaṁ yâvadbhyo grâsebhyaḥ paryâptaṁ tâvato grâsân grased | çeshân pratiniyamân pûrvavad âcared iti | atha kṛicchrâtikṛicchraviçesham âha—

8. अब्भक्षस्तृतीयः स कृच्छ्रातिकृच्छ्रः ।

"abbhaxaḥ"—âpa eva bhaxo yasya sa tathoktas "tṛitîyaḥ" |[1] tritvasaṁkhyâpûrakaḥ "saḥ"—tâdṛiçaḥ "kṛicchrâtikṛicchraḥ" | kṛicchrâtikṛicchrâv âlambya sthitatvâd etannâmako bhavet | asmin kṛicchrâtikṛicchre tâvâṁs tu viçeshaḥ pûrvoktaprâtarâdikâleshv âpa eva bhaxâḥ syur iti | tâvad[2] vrataniyamaṁ kṛicchravad âcared ity arthaḥ | athaiteshâm trayâṇâṁ pratyekaṁ phalaviçesham âha—

9. प्रथमं चरित्वा शुचिः पूतः कर्मण्यो भवति द्वितीयं चरित्वा यत्किंचिदन्यन्महापातकेभ्यः पापं कुरुते तस्मात्प्रमुच्यते तृतीयं चरित्वा सर्वस्मादेनसो मुच्यते ।

"prathamam"—pûrvoktânâṁ trayâṇâṁ madhya âdimaṁ kṛicchrâkhyaṁ tapoviçeshaṁ "caritvâ"—"çuciḥ"—pâpebhyaḥ çuddhaḥ | ata eva—"pûtaḥ"—pâvamânîkarmârhaḥ pâvamânîprâptaḥ | "karmaṇyaḥ"—yajñâdikarmayogyo "bhavati" | tathâ—"dvitîyam"—teshâṁ madhye dvitvasaṁkhyâpûrakam atikṛicchrâkhyaṁ tapoviçeshaṁ "caritvâ" "mahâpâtakebhyo 'nyat" —vâniruktaṁ "yat kiñcit pâpaṁ kurute tasmât"—upapâtakaparyantât prakarsheṇa "mucyate" | tathâ—"tṛitîyam"—uktânâṁ madhye tritvasaṁkhyâpûrakaṁ kṛicchrâtikṛicchrâkhyaṁ "caritvâ sarvasmât"—mahâpâtakasahitâd açeshât—"enasaḥ" —pâpân "mucyate" | atha vedituḥ phalam âha—

10. अथैतांस्त्रीन्कृच्छ्रांश्चरित्वा[3] सर्वेषु वेदेषु स्नातो भवति सर्वेषु देवेषु ज्ञातो भवति य एवं वेद य एवं वेद ॥ २ ॥

[1] c³ adds kṛicchrâdînâṁ trayâṇâṁ yo 'ntyas tritra'. [2] c³ itarad.

[3] c³. omits अथ . . . . चरित्वा.

uktânushṭhânâpexaḥ "ca"-çabdaḥ | "yaḥ" pumân—"evam"—uktaprakâreṇa kṛicchrâdikam—"veda"—samyag jânâti vedam adhitya snâyâd ityâdîni yâni snânâni vratâṅgabhûtâni "vedeshu"—saṁmataiḥ sarvair evam "snâto bhavati"—ity arthaḥ | kiṁcit—"sarveshu deveshu"—indrâdishu "jñâto bhavati" | sarve devâ etattapaḥkartâ mahân ity avagacchantîty arthaḥ | dviruktiḥ khaṇḍasamâptidyotanârtham—

iti sâyaṇâcâryaviracite mâdhavîye vedârthaprakâçe sâmavidhânâkhye brâhmaṇe prathamâdhyâye dvitîyaḥ khaṇḍaḥ—

3. Dvitîyakhaṇḍe tapaḥsvarûpaṁ vidhâya tṛitîye svâdhyâyâdhyayanaṁ vidheyam âdau pratijânîte[1]—

1. अथातः स्वाध्यायाध्ययनस्य काममुक्त्वोपक्रमेद्द्वौ वा त्रीन्कृच्छ्रा-श्चरित्वा पूतो भवति ।

"atha"—kṛicchrâcaraṇânantaram—"ataḥ"—yataḥ svâdhyâyâdhyayane pûtatvenâdhikâraḥ—"ataḥ"—svâdhyâyaḥ—vedas tadadhyayanam abhyâsaḥ vaxyamâṇaniyamapuraḥsaram | tasya—"kâmam"—kâmyata iti phalaṁ tam—"uktvâ"—saṁkalpam etatphalakâma etadadhyayanaṁ karishya iti | "trîn" api—"kṛicchrâṁç caritvâ pûto bhavati"—iti—"upakrâmet"—ârabheta | yad vâ kâmânusâreṇâdhyayanaṁ kṛitvâ tadante | kṛicchraniyamam âha[2]—

2. अग्निं प्रतिष्ठाप्याग्नेयमाये गुरुसमाहितं वोपसमाधाय दर्भानु-पस्तीर्य दर्भेष्वासीनः प्राक्कूलेषूदक्कूलेषु वा दक्षिणेन पाणिना दर्भमुष्टिं गृहीत्वा प्रथमं त्रिवर्गं[3] नवकृत्वो नवकृत्वो गायेत् ।

kṛicchrânushṭhânânantaraṁ svâdhyâyaṁ kartum icchan puru-

[1] C. *omits this.*

[2] In c[2] *the comm. on the first sentence is entirely different, viz.* : "atha" tato vyâkhyânânantaraṁ yataḥ svâdhyâyâdhyayanaprabhâveṇa svargaprâptiḥ—"atha" kṛicchrasya svâdhyâyâdhyayanasya sâdhâraṇân dharmân vyâkhyâsyâma iti çeshaḥ | atha vaxyamâṇân sâdhâraṇadharmân âha—"kâmam uktvâ vâ"—iti | upakramât pûrvaṁ karma kâmanîyaṁ phalaṁ me 'stv ity uktvâ svâdhyâyam "upakrâmeta" | "ante"—svâdhyâyâdhyayanasya samâptau kâmaṁ vadet | "trîn . . . bhavati"—iti | svâdhyâyopakramât pûrvaṁ trîn kṛicchrân pûrvoktâṁs trividhân kṛicchrasaṁjñakâṁs tapoviçeshâṁç caritvâ pûtaḥ svâdhyâyâdhyayanârho bhavati |

[3] Gr. G. G. i. 1, 1-3 (= S. V. i. 1, 1, 1).

âhaḥ—"agniṁ pratishṭhâpya"—agnisthâpanaṁ kṛitvâ tatsamîpa upaviçyety arthaḥ | "agnyabhâvo tu"—agnivyatiriktapradeço tu nadîparvatâdike—"udakam" vâ "adityaṁ vopasamâdhâya"—samîpe nidhâya tayor anyatarasya samîpa upaviçyety arthaḥ | "darbhân"—kuçân—"upastîrya"—bhûmâv âstaraṇaṁ kṛitvâ | evaṁbhûteshv âstṛiteshu—"darbheshv âsînaḥ"—prâṅmukhopavishṭaḥ svâdhyâyam adhîyîteti çeshaḥ | kîdṛiçeshu darbheshu —"prâkkûleshûdakkûleshu vâ"—prâgagreshu vodagagreshu vâ | kiṁ kṛitvâ "daxiṇena" hastena—"darbhamushṭiṁ gṛihîtvâ" —mushṭipûrita[1]darbhân gṛihîtvâ vaxyamâṇâni sâmâny adhîyîteti çeshaḥ | adhyayanaprakâram âha—"prathamaṁ . . . gâyet" —iti | "prathamam"—prathamâyâm "agna âyâhi vîtaye"—ity asyâm ṛicy utpannam—"trivargam"—vargâḥ sâmâni sâmatrayam—"navakṛitvo navakṛitvaḥ"—vîpsâ sarvârthâ | triṇy api sâmâni pratyekaṁ navavârâvṛittyâ gâyet | atha prayogeṇa prâptavyaphalam âha—

3. एवं सदा प्रयुञ्जानोऽग्न्याधेयमवाप्नोति ।

"evam"—uktaniyamapûrvakam—'prathamaṁ trivargam'—ityâdyuktaprakâreṇa — "sadâ" — sarvadâ | viçeshaçravaṇân nityânushṭhânavyatiriktakâlo | ekasminn evâhani satatam — "prayuñjâno 'gnyâdheyam"—saptapârthivâdisaṁbhâraṇo 'py[2] agniṁ manthitvâ trishv api sthâneshu agnisthâpanam agnyâdhânam[3] tad—"avâpnoti"—tena yat phalaṁ tad avâpnotîty arthaḥ | agnyâdhânasya sarvatra tv arthân na pṛithak phalam asti | ataḥ kathaṁ tadavâptirûpaphalâbhidhânam iti | na | 'yâ gatir yajñaçîlânâm âhitâgneç ca yâ gatiḥ'—ityâdinâ yajñavyatirekeṇaiva phalaçravaṇâd evam uttaratra pavamânâgnihotrâdyavâptivacaneshv avâptavyaṁ tat tat phalam iti mantavyam | athavâdhânâdîny evâvâpnoti tadavâptau tatphalasyâvaçyakatvâd vaitânikânâm agnihotrâdikarmaṇâm âdhânapûrvakatvât prathamaṁ tadavâptyabhidhânam | atha pavamâneshṭiphalasâdhanopamâdhyayanaprayogam âha—

[1] c^{2} *omits* mushṭipûrita. [2] c^{3} sthâgniṁ. [3] *om. in* c^{3}.

4. इन्द्राय पवते मद[1] इति पवमानहवींष्येतेन कल्पेन ।

"etena"—'agniṁ pratishṭhâpya'—ity ârabhya 'darbhamushṭiṁ gṛihitvâ'—ity antena "kalpena" "indrâya pavate madaḥ" ity asyâm utpannaṁ sâma prayuñjan—"pavamânahavîṁshi"—yad agnaye pavamânâya yad agnaye pâvakâya yad agnaye çucaya iti vihitâs tisra ishṭayaḥ pavamânahavîṁshîty ucyante | âdhânâdhikṛitasyaivaishu havishv adhikârât tatprayogânantaram aparasminn ahany etat kâryam iti jñâyate | na câdhânapavamâneshṭyor agner yâgayogyatotpâdanarûpakâryaikatvât pṛithakpavamânahaviravâptivacanaṁ na yuktam iti vâcyam âdhânavat pṛithag evâgnisaṁskârakatvât | atha darçapûrṇamâsasâdhanâdhyayanaṁ prayogam âha—

5. स्वर्महा स्वर्मया[2] इत्येताभ्यां दर्शपूर्णमासावेतेन कल्पेन ।

uktâbhyâṁ sâmabhyâm "etenaiva" uktenaiva "kalpena"—adhîyânaḥ purusho "darçapûrṇamâsâv" avâpnoti | "svarmahâ svarmayâḥ" ity atrokte sâmanî uparishṭâd vaxyamâṇâgnihotrâvâptiprayoge vihitâbhyâm "yad indrâham yathâ tvam"[3] (*S. V.* i. 2, 1, 3, 8) ity etâbhyâṁ sâmabhyâṁ saha samuccîyete | ubhayâvâptor vidhâsyamânatvât "svarmahâḥ" ity etat pûrṇamâse prayuñjîta "svarmayâḥ" ity etad darça iti tayor vyavasthâ | atha yâvajjîvâdhikârâgnihotradarçapûrṇamâsasâdhanam adhyayanaprayogam[4] âha—

6. भृत्यातिथिशेषभोजी काले दारानुपेयाद्यथाशक्ति चातिथिभ्यो दद्यादप्युदकमन्ततः एवंव्रतो यदिन्द्राहं यथा त्वमि[5] ति सदा[6] प्रयुञ्जीत स्वर्महा स्वर्मया इत्येते च पर्वणी तथा ह्यस्याग्निहोत्रमविलुप्तं सदाजन्तं सदर्शपूर्णमासं भवति ।

bhṛityaçabdenâtra bharaṇîyâ devâdaya ucyante | "atithayaḥ"—anityaṁ dûrâd âgatâḥ |

[1] *S. V.* i. 6, 1, 3, 10. [2] B, *and* c² स्वर्महा: *These verses are not in the V. SS.*
[3] c² *omits* yathâ tvam. [4] c² 'mâsam ubhayaprayogam âha.
[5] *S. V.* i. 2, 1, 3, 8 (Gr. G. G. iii. 2, 16, 19). [6] A *omits* सदा.

"anityam âgato¹ yasmât tasmâd atithir ucyate" (*M. Dh. Ç.* iii. 102)—iti smṛitiḥ | tebhyo dattvâ tatpradânaçeshabhojanaçîlaḥ sarvadâsyâdanena pañcamahâyajñaçîlo bhaved ity uktam | tathâ—"kâle"—ṛitukâle prâpte—"dârân"—bhâryâm—"upeyât" —gacchet | niyamavidhir ayam | ato bhâryâvyatiriktapradeças tasyâm api bhâryâyâm akâla eveti niyamyate | "yathâçakti câtithibhyo dadyât"—uktasyâpy asya punarvidhânam âvaçyakatvât | "antataḥ"—sarvâbhâve 'nnarâhitye—"udakam"—api vâ dadyât | kadâcid api na pratyâcaxîtetyarthaḥ | "evaṁvrato yad indrâhaṁ yathâ tvam ity ete" sâmanî "sadâ" anvahaṁ "prayuñjîta" tatrâpi nityakarmâvaçishṭakâla ity uktaṁ na kevalam ete eva sâmanî kiṁtu "svarmahâ svarmayâ ity ete ca parvaṇî" | parvaçabdaḥ çravaṇe | ukte sâmanî darçapûrṇamâsakâla eva prayoktavye na pûrvasâmavad anvaham ity arthaḥ | "tathâ ha"—heti cârthe | tathâ cânushṭhite sati—"asya"—anushṭhâtur "agnihotram aviluptam"—loparahitam | ata eva —"sadâhutam"—sâyaṁprâtaḥkâle 'nushṭhitaṁ bhavati | na kevalam uktam evâgnihotraṁ kiṁtu—"sadarçapûrṇamâsam"—agnihotraṁ cobhayam api samyag anushṭhitaṁ "bhavati" |

atra yady api kâleyattâ na çrûyate tathâpi 'bhṛityâtithiçeshabhojî'—ityâdivâkyaparyâlocanâyâṁ satyâṁ sarvadâ prayoktavyam iti gamyate | tathâ 'karmânte 'gniṁ pratishṭhâpya'—ity anena vratasamâpteç ca kartavyatvâd avasânaṁ ca gamyata ity çrutyantare "saṁvatsaram etad vrataṁ caret"—iti tasya saṁvatsaroyattâdarçanâd atrâpi tâvatkâlam etat prayoktavyam iti labhyate | athoktavratapûrvakâlâdhyayanânantaraṁ kartavyaṁ homam âha—

7. कर्मान्ते ऽग्निं प्रतिष्ठाप्य व्रीहियवा[illegible]भिः प्रत्यक् जुहुया- दग्नये स्वाहा सोमाय पवित्रवते वरुणाय धन्वन्तरये [illegible] प्राजापत्यां ब्रह्मणे ऽग्नये स्विष्टकृत इति पश्चात् ।

"karmânte"—uktakarmaṇâṁ saṁvatsarânushṭhânânte | çishṭaṁ

¹ *The printed text reads* hi sthito.

spashṭam | pavitravadguṇakâya somâya | dhanvantaritvaguṇakâya varuṇâya | dhanvantarir udakapradeças taṁ târayati vṛishṭyudakeneti dhanvantariḥ—"prâjâpatyâm"—prajâpatidevatâkâṁ bhûrâdikâṁ vyâhṛitim—"manasâ"—mantram anuccârayann eva juhuyât—"paçcât"—uktahomâvasâne "agnaye svishṭakṛite" —iti juhuyât | paricaraṇatantreṇedaṁ[1] kartavyam |

atha pâñcarâtrikâṇâṁ prayogaviçesham âha—

8. अथातः पाञ्चरात्रिकाणां व्रीहियवौ भोजनमसौहित्यमन्ते त्वग्न्या-दिरतः परं काम्यानां चाविप्रतिषेधस्तमिष्ट्वा गायत्रमग्नीति[2] चतुर्थीव चातुर्मास्यान्यथाग्नेत्यक्षु प्रैति[3] पाशुकानि ।

"atha"—saṁvatsaravratânâm adhyayananiyamânantaram |[4] "ataḥ"—yato vaxyamâṇânâṁ pâñcarâtrikâṇâṁ pṛithanniyamânabhidhâne 'nushṭhânam açakyam—ataḥ | "pâñcarâtṛikâṇâm"—pañcarâtranityâdhyayanânâṁ sâdhâraṇakalpa ucyata iti çeshaḥ | "vrîhiyavau"—oshadhidravye | "bhojanam"—bhujyate 'nene ti bhojanam annam | karaṇe lyuṭ | (*cf.* *P.* III. 3, 117) vrîhibhir yavair vâ[5] nishpannaṁ carum açnîyâd ity arthaḥ | "asauhityam"—uktabhojanakâleshu suhitatvaṁ na kartavyam | yena saṁpûrṇâçanena suhitaṁ bhavati tan na kartavyam | kiṁtu vratinâṁ çâstre yo grâsaniyama uktas tena vartayed ity arthaḥ | "ante tu"—pañcarâtravratânte |[6] "agnyâdiḥ"—pûrvasmin prayoge 'yo 'gniṁ pratishṭhâpya vrîhiyavâṁs taṇḍulân' ityâdikalpa uktaḥ sa evâtrâpîty arthaḥ | atrântagrahaṇât pûrvakaprayoge yo 'bhṛityâtithiçeshabhojî'—ityâdinoktaḥ kalpo 'sti nâtra grahîtavyaḥ | pûrvasminn api saṁvatsaraprayoge[7] 'agniṁ pratishṭhâpyâgnyabhâve 'dakam'—ityâdiḥ so 'pi na prâpnoty etena kalpenety atrânabhidhânât | "kâmyânâm"—kâmyânâṁ bhedena parastâd vidhâsyamânânâṁ karmaṇâṁ api pâñcarâtrâdhikâre nirjitaiç câturmâsyâdinityakarmabhiḥ saha—"vipratishedhaḥ"—parasparavirodho nâsti | ataḥ kâmyâdhyayanaiḥ saha

[1] eva tat. [2] *S.V.* i. 2, 1, 3, 5 (Gr. G. G. III. 2,10-13). [3] *S.V.* i. 6, 1, 4, 4.
[4] c[4] saṁvatsaraniyamânantaraṁ. [5] c[3] vrîhiyavair.
[6] c[3] pañcarâtravratânantaraṁ. [7] c[3] saṁvatsare, *and omits* prayoge.

cikîrshâyâṁ kuryâd ity arthaḥ | evaṁ niyamavân—"tam indraṁ vâjayâmasi"—ity asyâm ṛicy[1] utpannena "catur-vargeṇa" sâmacatushṭayena | tatsvâdhyâyeneti arthaḥ | tena "câturmâsyâny avâpnoti" | atra yady api câturmâsyâny avâpnotîti sâmânyenoktaṁ tathâpy aishṭikapâçukasaumikabhedena teshâṁ traividhyât pâçukasyottaravâkye vidhânât saumikasya ca soma-prayoge[2] vakshyamâṇatvâd ihâvâptavyam aishṭikam eveti man-tavyam | "asya preshâ"—ity asyâm utpannena shaḍvargeṇa "pâçukâni" phalâny[3] avâpnoti | atra saṅkhyâviçeshâçravaṇe 'pi svâdhyâyapâṭhe stobhavinyâsabhedenâsyâṁ shaḍvargasad-bhâvâd ihâpi shaṭsaṅkhyâçrayaṇîyâ |[4] asya paçubandhâdhyaya-naprayogam âha—

9. त्रातारमिन्द्रं यजामह'[5] इत्येताभ्यां पशुबन्धम् ।

"trâtâram indraṁ yajâmahe"—iti "etâbhyâm" sâmabhyâṁ nirûḍhapaçubandham avâpnoti | atha sautrâmaṇîphalakâmasya prayogam âha—

10. पयोव्रतमेतेन कल्पेन बृहदिन्द्राय गायतेति'[6] चतुर्थेन सौत्रामणी सौत्रामणी । ३ ।

"payovratam"—vrataçabdo 'tra bhojane vartate | payasâ pûrva-prâptavrîhiyavayor nivrittir[7] iti | iyân atra viçeshaḥ | "etena kalpena"—ity uktatvâd 'agniṁ pratishṭhâpya vrîhiyavâṁs ta-ṇḍulân' ityâdir 'ante tv agnyâdir uktaḥ kalpa' ity atideçataḥ prâptapûrvoktaḥ kalpo 'trâpi vidyata eveti atra payovrata-viçeshatvât tadabhidhânaṁ yuktam | etena kalpeneti etan na vaktavyaṁ syâd yathâ pûrvasmin prayoge tasya 'pâñcarâtrikâ-ṇâm' iti sâmânyataḥ prâptatvât | naisha doshaḥ | tatra payo-vratâkhyaviçeshe niyamavidhânâd itarat sarvaṁ sâmânyataḥ prâptaṁ lupyeteti matiḥ syât | atas tannivrittyarthaṁ punara-bhidhânaṁ yuktam eva | evaṁvrato—"bṛihad indrâya gâyateti

1 c³ *omits* ṛicy. 2 c³ somapramâga. 3 c³ câturmâsyâny.
4 c³ sâ syât *for* âçrayaṇîyâ. 5 *S.V.* I. 4, 1, 5, 2 *and* 3.
6 Gr. G. G. vii. 1, 21-22 (= *S.V.* i. 3, 2, 2, 6). 7 c³ °yavanivṛi°.

caturvargeṇa"—asyâm utpannasâmacatushṭayena—"sautrâmaṇyau"—avikṛitacarakâvikṛitakokilasaṁjñake[1] ubhe avâpnotîti çeshaḥ | abhyâsaḥ khaṇḍasamâptyarthaḥ |

iti sâyaṇâcâryaviracite mâdhavîye vedârthaprakâçe sâmavidhânâkhye brâhmaṇe prathamâdhyâye tṛitîyaḥ khaṇḍaḥ |

4. Atha sâptarâtrikâṇâṁ prayogam âha—

1. अथातः साप्तरात्रिकाणां भैक्षं पयो वा व्रतमेके भैक्षार्थमेव ग्राम प्रविशेदन्यत्र स्वाध्यायाद्वाचमनुत्सृजेदधः शयीत नापो ऽभ्यवेयाद्दशैतत्सप्ता- हिकः कल्पः काम्यानां चायमतिविधः ।

"atha"—pañcarâtrikâṇâṁ svâdhyâyaniyamânantaram | "ataḥ"—yato vaxyamâṇânâṁ sâptarâtrikâṇâṁ vrataniyamavidhir[2] asty ataḥ kâraṇât—"sâptarâtrikâṇâm"—saptarâtravratânushṭhâyinâṁ sâdhâraṇaniyamâ ucyante | "bhaixam" bhixâsambandhi "vratam" açanam |[3] "eke"—anye vratâbhijñâḥ "payo vâ" bhaixaṁ vrataṁ bhaved iti vikalpam âhuḥ | pûrvasmin paxe bhaixam eveha tu kalpeta | dvayor anyatarad bhaved ityarthaḥ | "bhaixârthâyaiva grâmaṁ praviçet"—evaṁvrataḥ sann ahorâtram araṇye vased bhaixavratapaxe 'pi tadartham eva grâmaṁ pravishṭo bhaved ity arthaḥ | "svâdhyâyâd anyatra"—anyasmin kâle "vâcaṁ notsṛijet" | adhyayanavyatiriktakâle maunaṁ kuryâd iti yâvat | "adhaḥ çayîta"—talpâdibhir[4] vinâ bhûmâv eva çayanaṁ kuryât | "âpah"—udakâdi—"nâbhyaveyât"—abhyavahârârthaṁ na prâpnuyât | çishṭaṁ spashṭam | athâgnishṭomasâdhanâ[5]dhyayanaprayogam âha—

2. इंखयन्तीरिति[6] रथन्तरं च वामदेव्यं[7] चैतान्यनुसवनं प्रयुञ्जा- नो ऽग्निष्टोममवाप्नोति ।

"iṅkhyayantîḥ"—ity asyâm utpannaṁ daçavargam | "rathantaraṁ ca vâmadevyaṁ ca"—etatsaṁjñakâni[8] sâmâni | "anusava

[1] c[3] carakakokilasaṁjñake. [2] c[3] pṛithakniyamavidhir. [3] c[3] *adds* bhaved.
[4] c[3] çayyâdi°. [5] c[3] *omits* sâdhana. [6] *S.V.* i. 2, 2, 4, 1-10.
[7] *Several verses in the gânas are known by these names.*
[8] c[3] caitena kevalenoktâni sâ°.

nam"—savane savane prayuñjânaḥ—"agnishṭomam"—sarva-yajñaprakṛitibhûtaṁ jyotishṭomam avâpnoti |

athâtyagnishṭomokthyashoḍaçyatirâtrâṇâṁ prayogam âha—

3. 'यज्ञायज्ञा वो अग्नय' इति चतुर्वर्गेणात्यग्निष्टोमं नमस्ते अग्न ओजस' इति दशतोक्थ्यं पुनानः सोम धारयेति' वर्गेण षोडशिनं परीतो षिञ्चता सुतमिति' वर्गेणातिरात्रम् ।

"yajñâyajñâ vo agnayo"—ity asyâm utpannena sâma "catur-vargeṇa" sâmacatushṭayenânusavanaṁ prayuñjânaḥ—"atyagni-shṭomam" avâpnotîti çeshaḥ | anusavanaṁ câvâpnotîty uttaratrâpi sarvatrânushajyate | "namas te agna ojase"—ity asyâm utpannena—"daçatâ"—daçavargeṇa "ukthyam" avâpnoti | "punânaḥ soma dhâraya"—ity asyâm utpannena "vargeṇa" sâmasamûhena "shoḍaçinam" avâpnoti | "parîto shiñcatâ sutam"—ity asyâm utpannena sâmasamûhena "atirâtram" avâpnoti | atha vâjapeyârthaṁ prayogam âha—

4. पयोव्रत एतेन कल्पेन त्रिरात्रो याव चद्वीरत' इति वर्गेण वाजपेयं मासमेतेन कल्पेना व इन्द्रं कृविं यथेति' दशताप्तोर्यामम् ।

atra sâmânyato bhaixapayasoḥ prâptau punaḥ payovidhânâd bhaixaṁ nivartate | ata eva pṛithagvidhânabalâd avaçishṭakalpo nivartata ity âçaṅkya punar "etena kalpena"—ity uktam | çishṭaṁ nigadasiddham iti sâptarâtrikâṇâm kalpa uktaḥ[7] | athâptoryâmârthaṁ prayogam âha—"mâsam etena kalpenâ va indraṁ kṛiviṁ yathâ"—ity asyâm utpannena—"daçatâ"—daçavargeṇâptoryâmam avâpnoti | atha dvâdaçâhârthaprayogam âha—

5. मासं चतुर्थे काले भुञ्जान वा जुहोता हविषा मर्जयध्वमिति' दशता द्वादशाहम् ।

atra kâlamâtrasyaiva viçeshât pûrvoktabhaixaṁ "payo vâ"

[1] Gr. G. G. i. 2, 22-26 (= S. V. i. 1, 1, 4, 1). [2] S. V. i. 1, 1, 2, 1-10.
[3] Gr. G. G. xiv. 1, 21-36 (= S. V. i. 6, 1, 3, 1).
[4] Gr. G. G. xiv. 2, 1-15 (= S. V. i. 6, 1, 3, 2).
[5] Gr. G. G. xiii. 1, 7-12 (= S. V. i. 5, 2, 4, 5). [6] S. V. i. 3, 1, 3, 1-10.
[7] c[2] kalpâ uktâ. [8] S. V. i. 1, 2, 2, 1-10.

—iti niyamo 'nuvartate | sa ca—"mâsam"—mâsasaṁpûrtiparyanto bhavati | uktabhaixaṁ payo vâ "caturthe kâle"—'sâyaṁ prâtar dvijâtînâm açanaṁ çruticoditam' iti smṛiteḥ | ekasmin dine dvau bhojanakâlau tathâ sati prathamadinam uposhya dvitîyadine râtriç caturthaḥ kâlas tasminn evam uttaratra caturthe kâle bhuñjânas tu | samânam itarat |

abhînârthaprayogam uktvâ sattrarûpagavâmayanârthaprayogam âha—

6. संवत्सरमेतेन कल्पेनाग्नोर्भागिनरिति¹ इयतं रथन्तरं वामदेव्यं च बृहच्च वैरूपं च वैराजं च महानाम्न्यश्च रैवतं² चैतान्यनुसवनं प्रयुञ्जानो गवामयनमवाप्नोति ।

"saṁvatsaram"—saṁvatsaraparyantam "etena kalpena" saptarâtroktena 'bhaixaṁ payo vâ'—ityâdikena yuktaḥ sann uktâni sâmâny anusavanaṁ prayuñjâno—"gavâmayanam"—sattraprakṛitiyâgam avâpnoti | kecid "etena kalpena"—ity âdeçena dvâdaçâhoktacaturthakâlaniyamo 'py anusbojyata ity âhuḥ |

atha tâpaçcitâkhyayoḥ sattraçeshayoḥ prayogam âha—

7. राथन्तरीबृहत्यौ³ तापश्चिते ।

uktâbhyâm sâmabhyâm anusavanaṁ prayuñjânaḥ xullakaṁ mahac ceti—"tâpaçcite"—avâpnoti | gavâmayananiyamo 'trâpi vidyata eva | pûrvam aishṭikapâçukacâturmâsyânâṁ⁴ prayoga uktaḥ | idânîṁ somayâgaprasaṅgena saumikacâturmâsyârthaprayogam âha—

8. पयोव्रत एतेन कल्पेन सोमः पवते जनिता मतीनामिति⁵ चतुर्थेनैव चातुर्मास्यानि सौमिकान्यवाप्नोति

spashṭam etat |

¹ S.V. I. 1, 2, 3, 1-10.

² *The* bṛihadvâmadevyam *is in* Âr. G. p. I. 2, 11 *and* 12 (= S.V. I, 2, 2, 3, 5). *The* Mahânâmnî *vv. are an appendix to the* Âr. S. *Many vv. in the first two and last gânas are called by the other names.*

³ Âr. G. p. iii, 4, 9 and 10 (= S.V. I. 4, 1, 3, 5). ⁴ cf aishṭikacâturmâsyânâṁ.

⁵ Gr. G. G. xv 2, 6 9 (= S.V. i, 6, 1, 4, 5).

atha dvâdaçasaṁvatsarasâdhyasattrârthaprayogam âha—

9. संवत्सरमष्टमे काले भुञ्जानो ग्राम्यमन्नं प्र तु द्रवेति[1] दशतमावर्तयन्नै-
मिषीयं द्वादशसंवत्सरमवाप्नोति ।

"saṁvatsaram"—saṁvatsarapûrtiparyantaṁ grâmyam annaṁ vrîhiyavâdimayam |[2] "ashṭame kâle bhuñjânaḥ"—ekasmin divase 'hani râtrau ceti bhojanakâladvayâṅgîkârâd divasatrayam uposhya caturthadivase râtrau bhojanasyâshṭamaḥ kâlo bhavati | evam uttaratrâpy ashṭame kâle bhuñjâna uttareshu kâleshv anaçnan—"pra tu draveti daçatam"—'pra tu drava pari koçam'—iti daçavargaṁ nityakarmâvirodhena saṁvatsaram âvartayan—"naimiçîyam"—nimiçâraṇyaṁ tatratyâ maharshayo naimiçîyâs tair anushṭhitam—"dvâdaçasaṁvatsaram"—sattram | "trayas trivṛitaḥ saṁvatsarâs trayaḥ pañcadaçâs trayaḥ saptadaçâs traya ekaviṁçâḥ" (*Âçr. K.S.* ii. 6, 5, 16)—ityâdinoktam avâpnoti | atha çatasaṁvatsarasattrârthaprayogam âha—

10. आग्नेयमैन्द्रं पवमानमित्येतेन कल्पेन चत्वारि वर्षाणि प्रयुञ्जानः
शतसंवत्सरमवाप्नोति ।

"âgneyaḥ"—agniḥ pratipâdyatvena devatâ yasya sa âgneyaḥ kâṇḍaḥ |[3] evam aindrapavamânau |[4] chandograntha uktaḥ kâṇḍatrayâtmakaḥ | trîn api kâṇḍân "catvâri varshâṇi" varshacatushṭayaparyantam[5] "etena kalpena" pûrvoktagrâmyân annân ashṭamakâlabhojananiyamena çatasaṁvatsarasâdhyo[6] yaḥ sattrayâgas tam avâpnoti | atha sahasrasaṁvatsarasattrârthaprayogam âha—

11. सर्वं प्रयुञ्जानः सहस्रसंवत्सरमवाप्नोत्यथ वा संहितासहस्रेण वा पुनो-
पतापशतसहस्रेण वा ।

sahasrasaṁvatsarasattraprâptis trividhâ | ekavârasaṁhitâdhyayanasâdhyâikasahasravârâvṛittisâdhyâ çatasahasravârâvṛittisâ-

[1] *S.V.* i. 6, 1, 4, 1-10.

[2] c² vrîhiyavâdim annaṁ.

[3] c² *omits* kâṇḍaḥ.

[4] Parvas i. vii. *and* viii. *in the* Gr. G. G.

[5] c¹ °catushṭayaṁ | *omits* paryantaṁ, *and inserts* anvahaṁ.

[6] c¹ çatasaṁvatsaraḥ çatasâdhyo.

dhyâ ceti | tatra prathamocyate | "sarvam"—atra sarvaçabdena pûrvoktam âgneyâdiparvatrayam sarahasyaṁ saçakvarîkaṁ gṛihyate[1] | "prayuñjânaḥ"—atra viçeshâçravaṇâd grâmyânnam ashṭamakâlabhoji varshacatushṭayaparyantam anvahaṁ prayuñjânaḥ "sahasrasaṁvatsarasattram avâpnoti" | atha dvitîyocyate—"anaçnan"—bhojanam akurvan sahasreṇâgneyâdiparvatrayasya sarahasyasyâdhyayanam ekâ saṁhitâ | tasyâḥ sahasravârâvṛittiḥ saṁhitâsahasraṁ tayâ câvṛittyâ "sahasrasaṁvatsaram avâpnoti"—vâçabdaḥ pûrveṇa saha vikalpârthaḥ | atrâvṛittir yâvati kâle saṁpûryate tâvataḥ kâlasyâpoxitatvât pûrvoktavarshacatushṭayakâlenânuvartate | anaçanavidhânâd evâshṭamakâlagrâmyânnanivṛittiç[2] ca | atha tṛitîyocyate—"pṛishṭhâpatâpaçatasahasreṇa vâ"—prâṅmukham adhîyânasya pṛishṭhabhâgaṁ yâvati kâle paryâvartamânaḥ sûrya upatâpayati sa pṛishṭhopatâpaḥ | tâvatkâlasâdhyaçatasahasrâvṛittirûpâdhyayanaṁ pṛishṭhâpatâpaçatasahasraṁ tena voktasattram avâpnoti | ayam arthaḥ | udayam ârabhya pṛishṭhatâpanaparyantaṁ parvatrayâtmikâṁ saṁhitâm upakramyâdhîyîta tato 'nvahaṁ bhuñjîtânantaram nâdhîyîta paredyur api tathaiva taduparibhâgam upakramyâ[3]dhîyîta | evam anvaham adhîyamâne sati yâvati kâla uktasaṁvatsaraṁ sidhyati tâvatkâlâdhyayanenaivoktasattram avâpnoti | ata eva caturshu kâleshv atra grâmyânnâdibhojananiyamaç ca nâpexate viçeshâçravaṇât | prâjâpatyaṁ vaiçvasṛijaṁ cobhayam api sahasrasaṁvatsarasattram atra gṛihyate | yajñâvâptisâdhanâny uktâny atha svatantraphalasâdhanâni kânicid adhyayayanâny ucyante | tatrâdau moxasâdhanaprayogam âha—

12. प्रथमस्त्रिपर्वणः[4] सावित्र्यं गायत्रं महानाम्न्यश्चैवामृता नाम संहि-
तया वै दिवा चमृतत्वमाप्नुयात्

'agna âyâhi vîtaye'—iti trîṇi sâmâni "sâvitryaṁ gâyatraṁ" sâ-

[1] c[3] abhidhîyate. [2] c[3] °kâlagrâmyânnânavṛittiç. [3] c[3] tadvad upakra°.
[4] Gr. G. G. i. 1, 1, 1-3.

na "mahânâmnyaç ca" sâmânîty "eshâmṛitâ nâma saṁhitâ"[1] | "etayâ vai devâḥ"—iti prasiddhau | uktayâ saṁhitayâ devâ "amṛitatvam"—moxam—"âyan"—prâpnuvan | ata etâṁ saṁhitâṁ nityam adhîyâno moxam etîty arthaḥ | yadyapi na vidhiḥ çrûyate tathâpi vidhîyata iti nyâyâd amṛitatvakâma etâm adhîyîteti vidhir abhyupagantavyaḥ | devânâm amṛitatvaprâptibalâd api moxârthibhir anyair etad anushṭheyam iti gamyate |

uktârthaveditub phalam âha—

13. अमृतत्वमेति य एवं

atha svargasâdhanaprayogam âha—

14. इदं ह्यन्वोजसेति[3] प्रथमोत्तमे त्वामिदा ह्यो नरः[4] स पूर्व्यो महोनां[5] पुरां भिन्दुर्युवा कविरप मघे मधुमति पियस्तः[6] पवस्व सोम मधुमां ऋतावा[7] सुरूपकृद्राहसं माधुच्छन्दसमित्येषा माधुच्छन्दसी नाम संहितैतया ह वै देवाः स्वर्गं लोकमायन् ।

uktâni sâmâni spashṭâni[9] | "surûpakṛitnum ûtaye" ity asyâm utpannaṁ sâma | "râhasam"—rahasye 'raṇye geyam | tac ca madhucchandasâ dṛishṭaṁ "mâdhucchandasam" | eshâm uktâ sâmikâ saṁhitâ—"mâdhucchandasî"—iti prasiddhâ | etayetyâdi pûrvavat | atha veditub phalam âha—

15. स्वर्गं लोकमेति य एवं वेद ।

atha rudraprîtisâdhanam adhyayanaprayogam âha—

16. आ वो राजा[10] महोवयं[11] आव्यद्दोहाणि[12] देवव्रतानि[13] सैषा रौद्री नाम संहितैतां मधुजन्मद्रं मीणाति ।

[1] cf. 'agna â yâhi vîtaye'—ity etasyâṁ sarvavarga—"prathamas trivargaḥ" sâmatrayâtmakam 'tat savitur vareṇyam' ity etasyâm "sâvitryaṁ gâyatram mahânâmnyaç ca" sâmânîty eshâ" etc. [2] Gr. G. G. v. 1, 10–12 (= S. V. i. 2, 2, 3, 1).
[3] S. V. i. 4, 1, 1, 10. [4] S. V. i. 4, 2, 2. 4. [5] S. V. i. 4, 2, 2, 6.
[6] S. V. i. 5, 2, 1, 6. [7] S. V. i. 6, 1, 4, 10. [8] S. V. i. 2, 2, 2, 6.
[9] cf. "surûpakṛidrâhasaṁ mâdhucchandasam" iti | "surûpakṛitnum ûtaye" ity etc.
[10] S. V. i. 1, 3, 3, 7. [11] S. V. i. 2, 1, 3, 1.
[12] Âr. G. p. i. 4, 1–3 (= S. V. i. 1, 2, 2, 5). [13] Âr. G. p. iii. 5, 6–8 (*not in VV. SS.*)

"tad-vo-vargaḥ"—tad vo gâyeti vargo grâhyaḥ | çishṭâni prasiddhâni | "eshâ"—uktasâmarûpâ saṁhitâ—"raudrî"—iti prasiddhâ | "etâm" rudrasaṁhitâṁ sadâ "prayuñjan" purusho "rudraṁ prîṇâti"—ity anayâ prîto rudraḥ svargaṁ lokaṁ prayacchatîty arthaḥ | evam uttaratrâpi | atha vishṇuprîtisâdhanam adhyayanaprayogam âha—

17. इदं विष्णुः[1] प्र तद् विष्णुः[2] प्रकाव्यमुशनेव ब्रुवाण[3] इति वाराहमन्त्यं पुनानः[4] सैषा वैष्णवी नाम संहिता प्रयुञ्जन्विष्णुं प्रीणाति ।

"prakâvyam"—ity asminn antyapâde 'varâho abhyeti'—iti varâhaliṅgât tad "vârâham" | çishṭâni prasiddhâni | atha vinâyakaprîtisâdhanam adhyayanaprayogam âha—

18. यद्वर्चः[5] सुष्वाणास[6] आ तू न[7] इति चत्वं मुख्यमानः सुहस्त्येति[8] प्रथमवर्जं सैषा वैनायकी नाम संहितैतां प्रयुञ्जन्विनायकं प्रीणाति ।

âditas trayaḥ pratîkâs trayo vargâ grâhyâ iti çeshaḥ | çishṭaṁ sujñânam | atha skandaprîtisâdhanam adhyayanaprayogam âha—

19. आ मन्द्रैरिन्द्र हरिभिर्याहि मयूररोमभिः[9] प्रवर्तिवः[10] म सेनानीरिति चर्तारः[11] पवित्रं त इति[12] द्वे एषा स्कान्दी संहितैतां प्रयुञ्जन्स्कन्दं प्रीणाति ।

spashṭo 'rthaḥ | atha pitṛprîtisâdhanam adhyayanaprayogam âha—

20. यद्वा च विश्पतिः[13] सनादग्ने[14] •अग्नीमवेत वा[15] भि पितृ-[16] मकान्सवुस्तः[17] अग्निकवीति[18] द्वे एषा पित्र्या संहितैतां प्रयुञ्जन्पितॄन्प्रीणाति ।

[1] S.V. i. 3, 1, 3, 9. [2] Âr. S. iii. 8. [3] S.V. i. 6, 1, 4, 2.
[4] Âr. G. p. iii. 6, 1-5 (= M. 3-7). [5] S.V. i. 4, 1, 2, 3.
[6] S.V. i. 4, 1, 3, 4 or ii. 4, 1, 20, 3. [7] S.V. i. 2, 2, 3, 3, or i. 2, 3, 4, 7.
[8] Gr. G. G. xv. 1, 5–18 (= S.V. i. 6, 1, 3. 7). [9] S.V. i. 3, 2, 1, 4.
[10] S.V. i. 3, 2, 3, 7. [11] S.V. i. 6, 1, 5, 1.
[12] Gr. G. G. xvi. 2, 34–35 (= S.V. i. 6, 2, 2, 12). [13] S.V. i. 2, 1, 2, 8.
[14] S.V. i. 1, 2, 3, 8. [15] S.V. i. 5, 1, 3, 7. [16] S.V. i. 6, 1, 4, 6.
[17] S.V. i. 6, 1, 4, 7. [18] Gr. G. G. xv. 2, 12–13 (= S.V. i. 6, 1, 4, 8).

epsahṭo 'rthaḥ | atha kritsnâdhyayanaprâptisâdhanâdhyayanaprayogam âha—

21. आस्यदघ्न उदके तिष्ठंस्त्रीन्सप्तकृत्वो गायेदेतत्सर्ववचोगतसममितमेतेन सर्वान्कामानवाप्नोति ।

"âsyadaghne"—âsyapramâṇa "udake tishṭhan" | "pramâṇe dvayasajdaghnañmâtracaḥ" (*P.* 5, 2, 37.) iti daghnacpratyayaḥ | "etat"—uktaṁ sâma—"trîḥ saptakritvaḥ"—ekaviṁçativâraṁ "gâyet" | "etat"—uktaṁ sâma—"sarvavacogatasamamitam" —sarveshâm ishṭasâdhanânâṁ[2] sâmâtmakânâṁ vacasâm—gatam gamanam uccâraṇam adhyayanam ity arthaḥ | tena samamitenoktalaxaṇena ca[3] sâmnâ—"sarvân kâmân"—kamanîyân "avâpnoti" | atha vedituḥ phalam âha—

22. य एवं वेद य एवं वेद । ४ ।

caçabdo 'nushṭhâtrapexaḥ |[4] na kevalam anushṭhâtuḥ phalam[5] api tûktârthaveditâ sarvân kâmân avâpnoti | âvrittiḥ samâptyarthâ |[6]

iti sâyaṇâcâryaviracite mâdhavîye vedârthaprakâçe sâmavidhânâkhye brâhmaṇe[7] prathamâdhyâye caturthaḥ khaṇḍaḥ |

5. Tad evam âdhânâdisahasrasaṁvatsarasattrârthâḥ svatantraphalasâdhanâç câdhyayanaprayogâ uktâḥ | athâdhyâyaçeshenocrâvacaprâyaççittârthaprayogâ ucyante | tatrâdau prâyaççittâni vidhâsyâmîti pratijânîte—

1. अथातः प्रायश्चित्तानाम् ।

"atha"—yajñakalpavidhânânantaram | "ataḥ"—prâyaççittakalpânabhidhânc yataḥ çuddhyabhâvaḥ | atas tadartham "prâyaççittânâm" ayam ayaḥprâptiprakarshoṇâyaḥ prâyaḥ | vihitadharmâkaraṇasya prâptir ity arthaḥ | tatprakâravishayaṁ cittaṁ

[1] *No such error is in my MSS. of the VV. SS.*
[2] c¹ sarvâvacaphalanâ°, *and omits* sâmâtmakânâṁ.
[3] c¹ *omits* ca.
[4] c² °shṭhâtrânapexaḥ.
[5] c¹ *omits* phalam.
[6] c¹ âvrittir atra.
[7] c² sâmavidhânabhâshye.

cittir jñânaṁ | tatpûrvakânushṭhânâni prâyaçcittâni | yadvâ prâyo nâma vihitâkaraṇâdipratîkârasvarûpaṁ tapa ucyate tadvishayâ niçcayâ prâyaçcittâni | tathâ coktam—

'prâyo nâma tapaḥ proktaṁ cittaṁ niçcaya ucyate |
tapo niçcayasaṁyogât prâyaçcittam itîryate' ||[1]

teshâṁ vidhânaṁ vaxyata iti çeshaḥ | atha viçeshânabhidhânavishaye prâyaçcittam âha—

2. अनादेशे मन्त्रा बलवन्तस्तपोन्विताः पावना[2] भवन्ति ।

"âdeçaḥ"—upadeçaḥ | asyedaṁ prâyaçcittam iti | yatra viçesho 'nabhihitas tatra "mantrâḥ"—"pâvanâḥ"—çodhakâḥ prâyaçcittarûpâ "bhavanti" | kîdṛiçâḥ—"balavantaḥ"—sâmarthyopetâḥ pâpaxayaliṅgakâḥ[3] | "taponvitâḥ"—tapasâ kṛicchrâdilaxaṇena saṁyuktâḥ | prathamaṁ tapaç caritvâ paçcât parijapyamânâḥ prâyaçcittârthâ bhavantîty arthaḥ | prâyaçcittâdhikâriṇam âha—

3. आपन्नः प्रायश्चित्तं चरेत् ।

"âpannaḥ"—pâpaṁ prâptas tadapanuttaye "prâyaçcittaṁ caret" anutishṭheta | tadâvṛittiviçeshânabhidhânapradeçe tadiyattâm âha—

4. अभ्यासः साम्नां शतं दशावरम् ।

yatrâvṛittiviçesho no[4]ktaḥ pâpatâratamyâd api sa nâvadhâryate tatra pradeçe—"sâmnâm"—vihitânâm—"çatam"—çatavârâvṛittiparyantam—"abhyâsaḥ"—kartavyaḥ | etat paramâvadhi kiyatprabhṛitîni cet—"daçâvaram"—daçasaṅkhyâkâvṛittir eva "avaram" adhamaṁ yasmiñ çate tat tathoktam | sarvathâ daçavârâvṛitter avaraṁ[5] na kuryâd ity arthaḥ | atha vâcikadoshâṇâṁ prâyaçcittâdhyayanâny ucyante | tatrâçlîlabhâshaṇe prâyaçcittam âha—

[1] This çl. is said to be from the smṛiti attributed to Aṅgiras; v. Mâdhavîya C. on the Parâçarasmṛiti, Prâyaçcitta K. in the introduction; it occurs as the first çl. of ch. ii. of the Uttarâṅgirassmṛiti in a MS. in my possession.

[2] पावमाना A. and D.

[3] c[2] adds ity arthaḥ.

[4] c[1] vâ no.

[5] c[1] daçavârâvṛittyâ nyûnaṁ.

5. काहलमुक्त्वा दधिक्राव्णो अकारिषमिति सकृद्गायेत् ।[1]

"kâhalam"—açlîlaṁ guhyabhâshaṇâdikam uktvâ tatprâyaçcittârtham—"dadhikrâvṇaḥ" ity etat sâma sakṛid gâyet | âvṛittiviçeshâçravaṇe pâpalâghavât sakṛid iti gamyate[2] | atra mantro "surabhi no mukhâ karat" ity abhivâditur mukhasyâçlîlavâdanarûpadaurgandhyaparihârasya surabhikaraṇasya ca pratipâdanâd anurûpam etat sâma | atha purushamâtrasya nishṭhurabhâshaṇe prâyaçcittam âha—

6. पुरुषमुक्त्वेदं विष्णुर्विचक्रम[3] इति ।

brâhmaṇaguruvâdînâṁ vishayabhedasya vidhânasyamânatvât tadvyatiriktaṁ "purusham uktvâ" nishṭhuraṁ bhâshitvâ—"idaṁ vishṇuḥ"—ity etad gâyet | uttaratra brâhmaṇavâde âvṛittitritvavidhânât tadapexayâsya nikṛishṭatvâd ekavârâvṛittir iti gamyate | atha brâhmaṇavâde prâyaçcittam âha—

7. ब्राह्मणमुक्त्वा त्रिः ।

"brâhmaṇaṁ" nishṭhuram "uktvâ"—'idaṁ vishṇuḥ'—ity etad eva trivâraṁ gâyet | atha bhrâtrâdînâṁ vâde prâyaçcittam âha—

8. भ्रातरं मातुलं पितृव्यमिति गुरुजातीयान्प्रसाद्य पक्षिणीं रात्रिमुपोष्य तवाहं सोम रारणेति[4] प्रथममेकविंशतिकृत्वः ।

"bhrâtâ"—agrajaḥ | "mâtulaḥ"—mâtṛibhrâtâ | "pitṛivyaḥ"—pitṛibhrâtâ | "iti"-çabdaḥ prakâravacanaḥ | etân etatprakârân anyâṁç ca çvaçurâdîn "gurujâtîyân" guruḥ pitâ tajjâtîyâṁs tatsamânagauravân ity arthaḥ | tân nishṭhuram uktvâ—"prasâdya"—tân eva samâpya—"paxiṇîṁ"—ubhayato 'harlaxaṇapaxadvayopetâṁ "râtrim uposhya"—"tavâhaṁ soma râraṇa"—ity asyâṁ prathamaṁ sâma—"ekaviṁçatikṛitvaḥ"—âvartayet | athopâdhyâyâdînâṁ parushavacanaprâyaçcittam âha—

9. उपाध्यायं मातरं पितरमित्येतेषु त्रिरात्रमुपवसन्नेतदेवाभ्यसेत् ।

upâdhyâyaçabdo mahâgurûṇâṁ mâtâmahâdînâm[5] upalaxaṇâ-

[1] S.V. i. 4, 2, 2, 7.
[2] c² avagamyate.
[3] S.V. I. 3, 1, 3, 9.
[4] S.V. I. 6. 1, 3, 6 (Gr. G. G. xv. 1, 1-5).
[5] c² âcâryapitâmahâdînâm.

rthaḥ | etân mâtaraṁ pitaraṁ ca-" ity eteshu" vishayabhûteshv apriyam âcaritvâ "trirâtram upavasan"—uposhya—"etasyaiva" —"tavâham"—iti vargasya "antyam" sâmaikaviṁçatikṛitvo gâyed ity anushajyate | adhyayanânarhâdhyâpane prâyaççittam âha—

10. अनध्याप्यमध्याप्य सप्तरात्रमुपवसन्सदा गावः शुचयो विश्वधायस[1] इत्येतद्गायेत् ।

çâstranishiddhaḥ kuṇḍagolakâdir "anadhyâpyas" tam "adhyâpya" "saptarâtram" uposhya tadante[2]—"sadâ gâvaḥ"—"ity etat" sâmaikaviṁçatikṛitvo "gâyet" | kecanâtra pûrvatrirâtraniyama upavasann iti çravaṇâd vihitopavâsadivaseshv eva nityanaimittikâvirodhena vivaxite sâmani gâtavye ity âhuḥ | ayâjyayâjane prâyaççittam âha—

11. अयाज्ययाजने दक्षिणास्त्यक्त्वा मासं चतुर्थे काले भुञ्जानः कानी[3]त्येतद्गायेत् ।

"ayâjyaḥ"—çâstranishiddho yashṭum anarhaḥ | tathâvidhaṁ jñâtvaiva daxiṇârthaṁ yâjayan pûrvam ajñâtvâ yâjayitvâ paççâl lokanindayâ vâ jânâti sa ubhayarûpo yâjakaḥ | ayâjyayâjanadoshâpanuttaye svîkṛitagavâdidaxiṇâs "tyaktvâ"—"mâsam" mâsasaṁpûrtiparyantam "caturthe kâle bhuñjânaḥ" prathamadivasa upavâsaṁ kṛitvâ dvitîyadivasarâtriç caturthaḥ kâlas tasmin xârâdiparityâgena[4] niyataṁ bhojanaṁ kurvan "kâni"—ity etat sâma gâyet | nityakarmâvirodheneti | athâmedhyadarçanaghrâṇayoḥ prâyaççittam âha—

12. अमेध्यदर्शने ये ते पन्था अधो दिव[5] इति तथामेध्यघ्राणे ।

mârge gacchann akâmataḥ—"amedhyadarçane" "ghrâṇe" ca saṁbhâvite—"ye te panthâ adho divaḥ"—ity etat sakṛid gâyet | kâmataç cet[6] | trivâraṁ gâyed ity ûhet | athâbhojyabhojanâmedhyaprâçanayoḥ prâyaççittam âha—

[1] S. V. i. 4, 2, 1, 6. [2] c² "upavasan"—uposhyety arthaḥ | tadante etc.
[3] *No such verse is to be found in my MSS. of the V. S.*
[4] c² xâralavaṇaparityâgena. [5] S. V. i. 2, 2, 3, 6. [6] c¹ ca.

13. अभोज्यभोजने ऽमेध्यप्राशने वा निष्पुरीषीभावस्त्रिरात्रावरं कृत्वै-तो न्विन्द्रं स्तवाम शुद्धमिति[1] पूर्वं सदा सहस्रकृत्व आवर्तयन् ।

"abhojyam"—ucchishṭâdininditânnaṁ tasya "bhojane" | "amedhyam"—mûtrapurîshâdi tasya "prâçane" | "vâ" saṁbhâvite "nishpurishîbhâvaḥ" | etad drishṭântasyâpy upalaxaṇam | tadubhayâpagamâya virekâdi kâryam ity arthaḥ | tathâ kṛitvâ—"trirâtrâvaram"—trirâtram evâvaraṁ jaghanyaṁ yasmiṁs trirâtre tadanuparatvât tato 'dhikaṁ vâ | bhaktaprâçitânuguṇyena yathâçakty upavasan | teshu divaseshu "sadâ" "eto nv indram" ity etasya vargasya—"pûrvam"—prathamam—"sahasrakṛitva âvartayan"—çuddho bhavatîty arthaḥ | athopapâtakaprâyaçcittam âha—

14. बहून्युपपतनीयानि कृत्वा त्रिभिरनश्नन्पारायणैः पूतो भवति ।

"upapatanîyâni"—upapâtakâni govadhavrâtyatâdîni | kâni—"bahûni"—"kṛitvâ"—api[2] anaçnatopavasatâ kṛitaiḥ pârâyaṇaiḥ | "anaçnan pârâyaṇaiḥ" | taiç ca "tribhiḥ" | kṛitsnavedâdhyayanalaxaṇaiḥ—"pûtaḥ"—çuddho "bhavati" | atha surâpasya prâyaçcittam âha—

15. सुरां पीत्वा संवत्सरमष्टमे काले भुञ्जानो यत्याक्षोः सवनेष्वाप्लु-भूर्ध्वबाहु परिहितस्त्रिरप्सु उपस्पृश्य रात्रौ स्थानासनाभ्यां पवित्रं त[3] इत्युत्तरेषाद्धोराचार्य वयन्धामहारि स्थानासनभोजनानि यच कभे-त्य यथेष्ट मवरोहत्सवर्भेषाभिभावेन चतुर्थी ब्राह्मणानामयतः ब्राह्मीणा-ह्मणस्वाध्यायत याचस्वाध्याभिकामेद्वतो' यथा यज्ञ पूर्वे संवत्सरे तैस्त सवव पुरुषगि मा वीवामीतकालथयन्त ब्राह्मणा भूर्भुवरिति तवेत्वो भो इति भूयात्सामावराप्सम यराभ्यन्यनुत वरित नय सुचरित तवेत्वो मो इति भूयादन ऊर्ध्वं वेश्यन्नमुखोमनखानि[4] वापयित्वाहतं वसनं परिधाय ब्राह्मणान्स्वस्ति वाचयित्वा पूतो भवति ।

[1] i. 4, 2, 1, 9 (Or. O. G. ix. 2, 7-8).
[2] c[3] *reads from* kṛitvâ *to end of sentence*—"tribhiḥ"—trivâram anaçnan vedapârâyaṇaiḥ pûto bhavati.
[3] i. 6, 2, 2, 12.
[4] c[3] *alone omits* लोम.

"surâm"—sakṛit—"pîtvâ"—tatprâyaçcittâya "saṁvatsara"-saṁpûrtiparyantam—"ashṭame kâle bhuñjânaḥ"—kshâralavaṇâdivarjanena bhojanaṁ kurvan | annam asyeyattocyate[1]—"pâṇyoḥ"—ubhayor hastayor yâvad annam—"saṁbhavet"—tâvad eva bhuñjânaḥ | "avâṅnâbhi"—nâbher adhastât—"ûrdhvaṁjânu"—jânvor upari—"parihitaḥ"—âcchâditaḥ | lajjâparihârârthaṁ gopanîyaṁ pradeçam âcchâdayet | nanu çîtâdivâraṇâyottarîyâdikam api dadhyâd ity arthaḥ | "ahnaḥ"—ahani | "trir upaspṛiçan"—trishavaṇasnânaṁ kurvan | "tathâ râtrâu" api kurvan[2] | "sthânâsanâbhyâm"—niyatâbhyâṁ yuktaḥ san | tishṭhet ahani râtrâv âsîta na kadâcic chayîtety arthaḥ | "pavitraṁ te" "iti" dvayor "uttareṇa" sâmnâ—"ahorâtrâṇi"—sarvadâ—"japan"—japagrahaṇâd upâṅçu gâyan | "grâmadvâre"—grâmanirgamanapradeçe kuṭîṁ[3] kṛitvâ vaset | 'çîtavâtavarshâṇi seveta'[4] ityâdivacanât tatparihârâya kuṭyâdir arthasiddhaḥ | "sthânâsanabhojanâni yatra"—grâme—"labhet"—labhate "tatra vasen na pravaset"—pravâsaṁ grâmântaragamanaṁ na kuryât | "svakarmaṇâ"—svânushṭhitena surâpânena karmaṇâ | "abhibhâsheta"—anyân prati svakṛitaṁ pâpaṁ prakhyâpayed ity arthaḥ[5] | 'kṛitvâ pâpaṁ na gûhet tadguhyamânaṁ tu vardhate' 'pâpaṁ prakhyâpayet pâpî'—ityâdismaraṇât | tathâ brahmahatyâprâyaçcitte 'pi saṁkîrtanam uktam 'çiraḥ kapâlî dhvajavân bhaikshâçî karma vedayan' iti (*Yâjñ.* iii. 243.) | 'ashṭame kâle bhuñjâno yat pâṇyoḥ sambhaved' ity uktaṁ bhojanam "caturṇâṁ brâhmaṇânâm agrataḥ prâçnîyât" tad api "grâmadvârasyaivâgrataḥ" kuryân naikâkî kadâcid api bhuñjîtety arthaḥ | "âvaçyakâya"—avaçyakartavyâya mûtrapurîshotsargâya—"abhikrâmet"—sthânâd vicaled anyathâ nâbhikrâmet | tad evâha—"ato 'nyathâ"—mûtrapurîshâd anyathâ gamane sati—"çaṅkyam"—tad gamanaṁ kâmacârâya kṛitam

[1] c[3] *reads for* annam—ucyate, tasyaiva niyama ucyate.

[2] c[3] *omits* tathâ râtrâv api kurvan.

[3] c[3] kuṭyâdi.

[4] c[3] çîtâtapavarshâṇi sahetety, etc.

[5] c[3] *for* anyân—arthaḥ *reads* vadet | pratikṛitam prakhyâpayed ity arthaḥ.

ity anyaiḥ çaṅkanîyaṁ bhavati | "pûrṇe saṁvatsare"—uktaniyamena saṁvatsaro saṁpûrṇe sati[1] tailâdibîjântâni shaḍdravyâṇi[2]—"âlabdhavantam"—saṁpâditavantam enam—"brâhmaṇâḥ"—aparimitâ "brûyuḥ" | kim iti tad ucyate—"caritaṁ tava"—iti tvayâ caraṇîyaṁ vrataṁ kiṁ samyak caritam iti taiç ca pṛishṭaç ca[3]—"oṁ bho"—iti pratibrûyât[4] | om ity aṅgîkâre | he mahânto yushmâbhir yat pṛishṭaṁ tat tathâ samyak kṛitam iti tasyârthaḥ | evam uktavantaṁ punar brâhmaṇâ brûyuḥ | kim iti tad ucyate—"tava caritam"—prâyaçcittâcaraṇaṁ yadi—"aṇṛitam"—uktaniyamarahitaṁ cet tarhi—"saptâvarân"—adhamân sapta putrapautrâdisaṁtânân—"sapta parân"—utkṛishṭân pitṛipitâmahâdîn—"hanti"—nâçayati | atas tava caritaṁ kiṁ "sucaritam"[5] iti taiḥ pṛishṭaḥ[6] sa punar "oṁ bho iti brûyât" | "ata ûrdhvam"—çapathapûrvakasaṁbhâshaṇâd[7] anantaraṁ "keçaçmaçrulomanakhâni" niyamakâle pravṛiddhâni—"vâpayitvâ"—chedayitvâ—"ahatam" nûtanam—"vasanam" vastram "paridhâya" parita âcchâdya—"brâhmaṇân svasti vâcayitvâ pûtaḥ"—uktadoshâd viyukto "bhavati" | uktaṁ prâyaçcittaṁ bhrûṇahatyâsuvarṇasteyâdimahâpâtakeshv[8] atidiçati—

16. एतेन कल्पेन भ्रूणहा पूर्वमेतेन मनसा सुरापः सुरापीयमुत्तरमेतेन सुवर्ण-स्तेयी ॰मितिविधुमित्यभिविधुमिति ।

"etena"—saṁvatsaram ashṭame kâla ityâdinâ surâpânoktena—"kalpena"—niyamaviçeshena—"bhrûṇahâ"—avidyâvṛittâdibhiḥ çreshṭasya brâhmaṇasya brâhmaṇagarbhasya vâ hantâ pûto bhavatîti çeshaḥ | jape tu viçeshaḥ | "pûrvam"—'pavitraṁ te' ity etat sâmâhorâtrâṇi japet | surâpakalpe 'pavitraṁ te' ity uktam ity uktatvâd atra pûrvam iti prathamam 'pavitraṁ

[1] c[1] pûrṇe, *and omits* sati.
[2] c[2] sahadhidravyâṇi.
[3] c[2] *for* taiç . . . ca *reads* tair uktaḥ sa ca.
[4] c[1] brûyât.
[5] c[2] *omits* kiṁ sucaritam.
[6] c[2] tathâ pṛishṭaḥ.
[7] c[2] uktaçapathapûrvaka°.
[8] c[2] bhrûṇahatyâsuvarṇasteyeshu mahâpâtakeshv.
[9] *Many sv. in the 4th gâna are known by this name.*
[10] *S. V.* I. 6, 1, 4, 6.

te' ity etad gṛihyate | tathâ—"etena"—uktenaiva kalpena —"brahmahâ"—brâhmaṇajâtimâtrasya hantâ pûto bhavati | "çuddhâçuddhîya"-nâmakasya japârthatvam ity etâvân viçeshaḥ | tathâ "etena" kalpena—surâpasya pratigâditenaiva[1] kalpena "suvarṇastenaḥ" brâhmaṇavyatiriktasuvarṇasya hartâ çuddho bhavati | "abhitripṛishṭaṁ vṛishaṇam" ity etat sâma japtavyam ity etâvân viçeshaḥ | âvṛittiḥ samâptidyotanârthaḥ |

iti çrîsâyaṇâchâryavirachite mâdhavîye vedârthaprakâçe sâmavidhânâkhye brâhmaṇe prathamâdhyâye pañcamaḥ khaṇḍaḥ |

6. Atha brâhmaṇasya suvarṇâtiriktadravyaharaṇe prâyaçcittam âha—

1. ब्राह्मणस्वं हृत्वा मासमुदके वासश्चतुर्थे काले भोजनं दिवा बहिरा स्यादावृताभी शुक्रं ते अन्यद्यजतं ते अन्यदित्येतज्जपेत् ।

"brâhmaṇasvam"—brâhmaṇasya gavâdidravyaṁ "hṛitvâ mâsam"—mâsaparyantam[4] udakasamîpe "vâsaḥ" kartavyaḥ sâxâd udake mâsaparyantaṁ vastum açakyatvât | tathâ—"caturthe kâle" —"bhojanam"—tatprakâraḥ pradarçyate—"divâ"—bhuktvâ tato bhojanakâlaparigaṇanâyâṁ caturthaḥ kâlo 'paredyû râtrau bhavati | 'sâyaṁ prâtar dvijâtînâm açanaṁ çruticoditam' ity abhihitatvâd divâ râtriç caikaiko bhojanakâla iti mantavyaḥ | evaṁ bhuktarâtrikâlam âdimaṁ kṛitvâ tattṛitîye 'hani vâ caturthaḥ kâlaḥ | evaṁ mâsaparyantaṁ niyamam âcaret |

âkâro vikalpavâcakaḥ | vety arthaḥ[5] | samânârthaḥ sa ca vikalpo jalasamîpâpexayâ[6] | "divâ vahir â syât"—grâmâd vahir vâ so bhavej jalasamîpe voty arthaḥ[7] | "udake vâsaḥ"—ity anenaiva grâmâd vahir vâse siddhe—"divâ vahir â syât"—ity punarvidhânena divâ vahir vâ jalasamîpe vâ syâd râtrau grâma evety avadhâryate | evaṁ mâsaṁ vrataṁ samâpya

[1] c³ coditena.
[2] c³ hiraṇyavyatirikta.
[3] S. V. I. 1, 2, 3, 3.
[4] c³ mâsasaṁpûrtiparyantam.
[5] c³ âkâro vikalpavâcakaç cety arthaḥ.
[6] c³ jalasamîpâpraxaḥ.
[7] c³ grâmâd anyatra kutrâpi vâso bhavet.

tadante—"çukraṁ te anyat" ity etat sâma gâyet | âvṛittyanupadeçâd vrataṁ daçâvaram iti mantavyam[1] | brâhmaṇavyatiriktasya dravyâpahâre prâyaçcittam âha—

2. अन्यस्य हृत्वा कृच्छ्रं चरन्नयं सहस्रमाणव[2] इति द्वितीयम् ।

"anyasya"—brâhmaṇavyatiriktasya kasyacid gavâdidhanam—"hṛitvâ—tadapanuttaye—"kṛicchram"—prathamoktaṁ prâjâpatyam—"caran"—teshu caraṇâdisadṛiçeshu—"ayaṁ sahasramâṇavaḥ" "iti"—asya "dvitîyam" sâma gâyet |

gurudârâgamane prâyaçcittam âha—

3. गुरुदारान्गत्वा सुरापकल्पेनाक्रान्तसमुद्रं गायेत् ।

"gurudârân"—upanayanâdikaṁ kṛitvâ vedam adhyâpayati[4] sa guruḥ | tathâ ca smaryate—

'sa gurur yaḥ kriyâḥ kṛitvâ vedam asmai prayacchati, (*Yâjñ.* i. 35) iti | tasya bhâryâṁ "gatvâ"—"surâpakalpena"—'surâṁ pîtvâ saṁvatsaram' —ityâdinâ 'svasti vâcayitvâ'—ityantena kalpena caran 'pavitraṁ te' ity uttarasya sthâne "akrântasamudraḥ" ity "etat" sâma "gâyet" | atha brâhmaṇadârâgamane prâyaçcittam âha—

4. ब्राह्मणदारान्गत्वा त्रीन्कृच्छ्रांश्चरन् [illegible] इति[5] पूर्वम् ।

"trîn kṛicchrân"—kṛicchrâtikṛicchrakṛicchrâtikṛicchrâkhyân 'athâtas trîn kṛicchrân vyâkhyâsyâmaḥ' ityâdinoktân | spashṭam anyat | atha xatriyavaiçyayor dârâgamane prâyaçcittam âha—

5. अन्यस्य गत्वा कृच्छ्रं चरन्नरण्योरित्येतत् ।

atrânyaçabdena brâhmaṇasyoktatvâc chûdrasya vaxyamâṇatvâd râjanyavaiçyajâtîyau vivaxyete | tasya bhâryâṁ "gatvâ"—"kṛicchram"—prâjâpatyâkhyaṁ caran—"araṇyoḥ" iti—"etat" sâma

[1] c² daçâvaram ity anupâdeyam iti mantavyaṁ.

[2] S.V. I. 6, 2, 3, 2 (Gr. G. G. xiii. 1, 28-29).

[3] S.V. I. 6, 1, 4, 7.

[4] c² prayacchati.

[5] S.V. I. 4, 1, 3, 9.

[6] S.V. I. 1, 2, 4, 7.

gâyet | kṛicchrasamâptiparyantaṁ tannityakarmâvirodhenety abhiprâyaḥ | atha çudradârâgamane prâyaçcittam âha—

6. शूद्रां गत्वा त्रिरात्रमुपवसन्निदमग्न[1] इत्येतत् ।

spashṭo 'rthaḥ | atrâpy upavâsadivasaçahv eva gânavidhânâd âvṛittisaṁkhyâ nâpexyate | atha svabhâryâyâ svâkâlabhoge prâyaçcittam âha—

7. अकाले दारानुपेत्य त्रीन्प्राणायामानायम्य कयानीयां द्वितीयमावर्तयेत् ।

"akâle"—akâlo dvidhâ sambhavati | ṛitukâlavyatiriktaç caikaḥ | ṛitukâle parvâdinishiddhatithyâtmako[3] dvitîyaḥ | 'parvavarjaṁ vrajed dhimân' (? M. Dh. Ç. iii. 45) iti smṛiteḥ | tasmin striyaṁ gatvâ "trîn prâṇâyâmân âyamya"[4] 'kayâ naḥ'—ity asyâm "dvitîyam" sâma "âvartayet" | atha brâhmaṇtvṛiddhirûparṇâpradâne prâyâçcittam âha—

8. ब्राह्मणाद्वार्धुषिं हृत्वा त्रीन्कृच्छ्रांश्चरन्ब्रह्म जज्ञानमित्युत्तरम् ।

"brâhmaṇâd"—uttamavarṇât | "vârdhushim"—vriddhyâ prâptaṁ dhanam—"hṛitvâ"—adattvâ tatpratikârâya "trîn" pûrvoktân "kṛicchrâṁç caran brahma jajñânam ity uttaram" sâma gâyet | atha xatriyâder vṛiddhiharaṇe prâyaçcittam âha—

9. अन्यस्य हृत्वा कृच्छ्रं चरन्ननु हि त्वा सुतं सोमेत्यनु हि[2] त्वा सुतं सोमेति ।

"anyasya" — brâhmaṇavyatiriktasyottamavarṇasya vṛiddhyâ prâptaṁ dhanam "hṛitvâ" pûrvoktaṁ "kṛicchraṁ caran" "anu hi tvâ" —ity etat sâma gayet | abhyâsaḥ samâptyarthaḥ |

iti çrîsâyaṇâcâryaviracite mâdhavîye vedârthaprakâçe sâmavidhânâkhye brâhmaṇe prathamâdhyâye shashṭaḥ khaṇḍaḥ |

7. Atha râjapratigrahe prâyaçcittam âha—

[1] S.V. i. 1, 2, 3, 4. [2] Gr. G. O. v. 1, 23-25 (= S.V. i. 2, 2, 3, 5).
[3] c[1] reads °nishiddhakâlâtmako. [4] c[1] hṛitvâ. [5] S.V. i. 4, 1, 3, 9.
[6] S.V. i. 5, 1, 5, 6.

1. राज्ञः प्रतिगृह्य मावमुद्रचे वसिष्ठस्य भुञ्जानो महत्सोमो अधि- चत्वारिंशतमावर्तेत् ।[1]

"râjnaḥ"—prajâpâlanâdisvadharmopetasya xatriyasya dhanam anâpadi—"pratigṛihya"—gohiraṇyâdi labdhvâ vihitakalpaṁ caret | âpady abhyanujñâ smaryate—

'râjato dhanam anvicchet saṁsîdan anâtakaḥ xudhâ' (*M. Dh. Ç.* iv. 33) iti | çishṭaṁ spashṭaṁ | athoktavyatiriktasyâpratigrâhyasya pratigrahe prâyaçcittam âha—

2. अन्यस्याप्रतिग्राह्यस्य कृच्छ्रं चरंस्त्रिकद्रुकेष्वित्येतत् ।

"anyasyâpratigrâhyasya"—smṛitishu yasya pratigraho ninditasya janasya râjavyatiriktasya dhanaṁ pratigṛihya—"kṛicchram"—prâjâpatyaṁ "caran"—taddivaseshu "trikadrukeshv ity etat" gâyet | atrâpy anâpaditi mantavyam | âpady abhyanujñânât | tathâ hi—

'âpadgataḥ sampragṛihṇan bhuñjâno vâ yatas tataḥ |
na lipyetainasâ vipro jvalanâgnisamo hi saḥ ||' (*Yâjñ.* iii. 41)

iti smṛitiḥ | athâdattâdâne prâyaçcittam âha—

3. अदत्तादाने कृच्छ्रमुपवसन्नग्निस्तिग्मेनेति[3] द्वितीयम् ।

adattasya svâminaḥ sannidhau dâxiṇyâdinânyena vâ pratishiddhasya dhanasyâdâne | paçyato haraṇe tu cauryâtmakatvât steyaprâyaçcittaṁ drashṭavyam | çishṭaṁ spashṭam | atha brâhmaṇâyâvagûraṇatâḍane rudhirotpâdaneshu prâyaçcittâny ucyante[4]—

4. ब्राह्मणायावगूर्य माचं[5] मायेमिद्वत्यापानं[6] शोणिते चरति प्र सोम देव वीतय[7] इति द्वितीयम् ।

"brâhmaṇâyâvagûrya"—tâḍanârthaṁ[8] hastadaṇḍâdyudyama-

[1] *S.V.* i. 6, 1, 5, 10. [2] *S.V.* i. 5, 2, 3, 1, or ii. 1, 2, 4, 8. [3] i. 1, 1, 3, 2.
[4] c[1] tâḍana âlohitotpâdaneshu prâyaçcittam âha.
[5] Âr. G. p. ii. 1, 1 (= *S.V.* i. 4, 1, 3, 6. [6] Âr. G. p. ii. 1, 2.
[7] *S.V.* i. 6, 1, 3, 4 (Gr. G. G. xiv. 2, 20–24). [8] c[1] *omits* tâḍanârthaṁ.

manaṁ kṛitvâ prâṇâkhyaṁ sâma "gâyet" | "nihatya"—saṁtâḍya apânâkhyaṁ sâma gâyet | dehe—"çoṇite sarati"—sati "pra soma deva vitaye" ity asyâṁ "dvitiyam" gâyet | atha savanastharâjanyavaiçyayor hanane prâyaçcittam âha—

5. राजन्यवैश्यौ सवनगतौ हत्वा ब्राह्मणस्वकल्पेन शुद्धाशुद्धीयमुत्तरम् ।

"râjanyavaiçyau savanagatau"—sûyate somo 'treti savanaṁ somayâgaḥ | taṁ prâptau somayâjinau "hatvâ" "brâhmaṇasvakalpena" brâhmaṇasvaharaṇoktena 'mâsam udake vâsaç caturthe kâle bhojanam' ityâdyuktena kalpam anushṭhâya tadante 'çukraṁ te'—ity asya sthâne "çuddhâçuddhîyam uttaram" çatakṛitvo gâyet | çûdrahanane prâyaçcittam âha—

6. शूद्रं हत्वा द्वादशरात्रमुपवास उदके च वासो ऽयं त इन्द्र सोम' इति द्वितीयम् ।

"çûdram"—caturthavarṇam "hatvâ dvâdaçarâtraṁ upavâsaḥ" teshu dineshu jalavâsaç ca | "ayaṁ ta indra" ity asya "dvitiyam" nityakarmâvirodhena gâyan kartavyam | atha govadhe prâyaçcittam âha—

7. गां हत्वा द्वादशरात्रमुपवास उदके च वासो वयं घ त्वा सुतावन्त' इति द्वितीयम् ।

"gâṁ hatvâ" tatsvâminindatvât—"dvâdaçarâtram upavâsa udake ca vâsaḥ"—"vayaṁ gha tvâ sutâvanta iti dvitîyam" | spashṭârtham anyat[4] | atha govyatiriktavadhe prâyaçcittam âha—

8. अन्यत्प्राणि हत्वैकरात्रमुपवसन्नग्निर्वृत्राणि जङ्घनदिति' द्वितीयम् ।

"anyat prâṇi" iti govyatiriktam ajâdikam ucyate | spashṭam anyat | athâvakîrṇina ucyate—

9. अवकीर्णी पीन्द्रक्षावरम्परोतो पिबता सुतमिति' चतुर्थमावर्तयेत् ।

[1] *Several vv. in the 4th gâna are known by this name.*

[2] *S.V.* i. 2, 2, 2, 5 (Gr. G. G. iv. 2, 30–32).

[3] *S.V.* i. 3, 2, 2, 9 (Gr. G. G. vii. 1, 28–31).

[4] *c² omits the comm. on 7.*

[5] *S.V.* i. 1, 1, 3, 2 (Gr. G. G. i. 2, 4–6).

[6] *S.V.* i. 6, 1, 3, 2 (Gr. G. G. xiv. 2, 1–15).

yo brahmacârî striyam upeyât so "'vakîrṇî" | tasya svarûpaṁ jâtûkarṇya âha—

'khaṇḍitaṁ vratinâṁ reto yena syâd brahmacâriṇâ |
kâmato nâmataḥ prâhur avakîrṇîti tam budhâḥ'—iti |

sa prathamoktâṁs "trîn kṛicchrâṁç caran" teshu kâleshu "parito shiñcatâ sutam iti caturtham âvartayet"—iti | atha parivettṛiparivittyoḥ prâyaçcittam âha—

10. एतेन कल्पेन परिवेत्ता परिविन्नश्च सोमं राजानं वरुणमित्येतत् ।[1]

agraje 'vivâhe sati yo 'nujo jâyâṁ vindate sa "parivettâ" tadagrajaḥ parivittis tâv ubhâv api | "etena"—pûrvoktena "kalpena" caran "somaṁ râjânaṁ varuṇam ity etat"—gâyet | athâyonau retaḥseke prâyaçcittam âha—

11. अयोनौ रेतः सिक्त्वाग्निर्मूर्धा[2] घृतवतीमितीयं यद्दितश्चन्द्रो मनेति[4] च ।

"ayonau"—apragalbhayonau[5] yonivyatirikte vâ pradeçe retaḥ secayitvâ tatprâyaçcittâya snâtvâ 'agnir mûrdhâ'-âdîni trîṇi sâmâni gâyed iti | atha çûdropajîvane prâyaçcittam âha—

12. शूद्रवोपजिवी सेवित्वोपरम्य त्रीन्कृच्छ्रांश्चरंश्चक्रमित्येतद्गायेत्[6] ।

jîvârthaṁ çûdraṁ prabhuṁ sevitvâ taddattena[7] dhanena yad upajîvanam "çudropajîvikâm"—"sevitvâ"—prâpya kadâcit—"uparamya"—kashṭam ity uparato bhûtvâ—"trîn"—pûrvoktân "kṛicchrâṁç caran 'cakram' ity etad gâyet" sâma | atha xatriyavaiçyayor âha—

13. वैश्यवोपजिविकायां वयः सुपर्णा[8] इत्येतद्राजन्यवोपजीविकायां पवस्व सोम मधुमाँ ऋतावेत्येतदभि त्वा[9] मेषमिति[10] वा ।

ubhayatrâpy uparamya trîn kṛicchrân ity etat samânam |

[1] S.V. i. 1, 2, 5, 1.
[2] S.V. i. 1, 1, 3, 7.
[3] S.V. i. 4, 2, 4, 9 (Gr. G. G. x. 1, 20–21).
[4] No such s. in the VV. SS.
[5] Omitted in c[3].
[6] S.V. i. 4. 1, 4, 9.
[7] c[3] dattena.
[8] S.V. i. 4, 1, 3, 7.
[9] S.V. i. 6, 1, 4, 10.
[10] S.V. i. 4, 2, 4, 7.

xatriyavishayo vikalpaḥ "pavasva soma madhumâ-"—"abhi tyaṁ mesham" ity etayor anyatarad gâyet | atha çûdrâdijîvikâsu kṛicchratrayakâle yad gânaṁ vihitaṁ tasya kaḥ kâla iti jijñâsâyâm âha—

14. सदा प्रयोगः ।

cakrâdînâṁ sâmnâṁ tatprâyaçcittakaleshu—"sadâ"—nityanaimittikânuguṇyena prayogaḥ kâryaḥ | atha brâhmaṇamithyâbhiçaṁsanaguhyaprakâçanayoḥ prâyaçcittaṁ vivaxus tatkaraṇadoshabâhulyaṁ çrâvayati—

15. ब्राह्मणमनृतमभिशस्य यत्पापं भवति गुह्यं प्रकाशयन्नर्धमाप्नोति ।

"brâhmaṇam"—anâgasam—"anṛitam"—mithyârtham—"abhiçasya"—brahmahatyâdinindâm âropya çaṁsanaṁ kṛitasya yat "pâpam" asti svayaṁ tadbhâg "bhavati" | tathâ—"guhyam" anyair aviditaṁ brâhmaṇapâtakâdikaṁ parebhyaḥ "prakâçayan" tatkṛitasya pâpasyârddhaṁ svayaṁ prâpnoti | ata eva tad ubhayaṁ ninditam ity arthaḥ | atha tayoḥ prâyaçcittam âha—

16. अग्निस्तिग्मेनेति[1] वर्गं प्रयुञ्जानस्तेन तत्तरति तेन तत्तरति ।

uktasâmavargam anvaham "prayuñjânas tena" prayogeṇa—"tat"—nirdishṭapâpadvayam—"tarati"—ity apâpo bhavati | abhyâsa uktaḥ |

iti çrîsâyaṇâcâryaviracite mâdhavîye vedârthaprakâçe sâmavidhânâkhye brâhmaṇe saptamaḥ khaṇḍaḥ |

8. Atha rasavikrayo prâyaçcittam âha—

1. रसान्विक्रीय कृच्छ्रं चरन्घृतवतीं द्वितीयम् ।

"rasân"—tailadadhyâdîn—"vikrîya"—vikrayaṁ kṛitvâ—"kṛicchram"—prâjâpatyaṁ "caran"—"ghṛitavatî"—ity asyâm "dvitîyam" gâyet | brâhmaṇasya rasavikrayanindâ smaryate—

'tilâ rasâ na vikreyâ vikreyâ dhânyatatsamâḥ |
vaiçyasyaivaṁvidhâ vṛittis tṛiṇakâshṭhâdivikrayaḥ'[2] ||

iti | athâçvâdivikrayo prâyaçcittam âha—

[1] Gr. G. G. I. 2, 4-6 (= S. V. I. 1, 1, 3, 2). [2] S. V. I. 4, 2, 4, 9.

2. उभयतोदन्तान्विक्रीय कृच्छ्रं चरन्को अद्य युङ्क्ते[1] इत्येतत् ।

"ubhayatodantân"—açvâdîn vikrîya—"kṛicchram"—pûrvoktaṁ prâjâpatyam âcaran—taddivaseshu "ko adya"—ity etat sâma gâyet | athâçvâdipratigrahe prâyaçcittam âha—

3. तान्प्रतिगृह्यैतेनैव कल्पेन शं पदमित्येतत् ।[2]

"tân"—açvâdîn pratigṛihya—"etenaiva kalpena"—kṛicchrânushṭhânapûrvakeṇa—"ko adya"—ity etasya sthâne "çaṁ padam"—ity etad gâyet | na câtra pratigrahaçabdo yâvato 'çvân pratigṛihṇîyâd ity atraiva saṁpradânapara iti mantavyaṁ tatra prajâpatir varuṇâyâçvam anayat sa svâṁ devatâm ârcat sa paryadiyateti vâkyopakrameṇa tathâ nirṇîtam iha tu prasiddhârthaḥ parityâge virodhâbhâvât | athâdattakanyopagame prâyaçcittam âha—

4. अदत्तां कन्यां प्रकृत्य कृच्छ्रं चरन्नभ्रातृव्यो अना त्वमित्येतद्गायेत् ।[4]

pitrâdinâ—"adattâṁ kanyâm prakṛitya"—vivâhaṁ kṛitvâ tatprâyaçcittârthaṁ "kṛicchraṁ caran"—"abhrâtṛivyaḥ" ity "etat" sâma "gâyet" | atha tasyâ eva pratigrahe prâyaçcittam âha—

5. तां प्रतिगृह्यैतेनैव कल्पेन शं पदमित्येतत् ।

"tâm"—adattâṁ kanyâm anyena pradattaṁ vâ pitrâdinâ dattâṁ balâd âkṛishya—"pratigṛihya" bhâryâtvena svikṛitya—"etena"—pûrvoktena kṛicchra-"kalpena çaṁ padam ity etat" gâyet | athâbhyuditâbhyastamitayoḥ prâyaçcittam âha—

6. अभ्युदितो भद्रो नो अग्निराहुत[6] इत्येतदभ्यस्तमितो न तस्य मा[7] यया च नेति ।

yasmin supte sûrya udeti so "'bhyuditaḥ" | yasmin supte 'stam eti so "'bhyastamitaḥ" | tau yathâkramaṁ vihito sâmanî gâyetâm |

[1] S. V. i. 4. 1, 8, 10. [2] S. V. i. 6, 2, 1, 5. [3] c² alone °त्येतद्गायेत्.
[4] S. V. i. 5, 1, 2, 1. [5] S. V. i. 6, 2, 1, 6. [6] S. V. i. 2, 1, 2, 5.
[7] S. V. i. 2, 1, 1, 6.

atrâvṛittyaçravaṇâc chataṁ daçâvaram iti sâmânyenoktâvṛittir draashṭavyâ | atha duḥsvapne prâyaçcittam âha—

7. दुःस्वप्नेष्वद्य नो देव सवितरिति द्वितीयम् ।

spashṭo 'rthaḥ | athâkshispandanâdidurnimitte prâyaçcittaṁ—

8. अन्यस्मिंश्चानाज्ञाते कयानीयां द्वितीयमावर्तयेत् ।

"anyasmin"—uktaduḥsvapnavyatirikteshv anarthasûcakeshv akshispandanâdau—"anâjñâte"—aviditaphalaviçeshasaṁbhâvite sati "kayânîyâ"-dvitîyam âvartayet | âvṛittir viçishyate tryavaram iti trir âvṛittir jaghanyâ tattaddosho gauravalâghavânuguṇyena tato 'dhikaṁ yathâçakty âvartayed ity arthaḥ | gṛihâdidâhe prâyaçcittam âha—

9. अग्निदग्धे घृताक्तान्यवाञ्जुहुयाज्जातः परेण धर्मणेत्यग्नये[4] स्वाहेति च ।

gṛihâdâu "agnidagdhe" sati—"jâtaḥ pareṇa"—ity etena—"ghṛitâktâny avâñ juhuyât"—"agnaye svâhety" anena "ca" dvitîyâm âhutiṁ juhuyât | gṛihasthitavrîhiyavâdibhakshaṇe prâyaçcittam âha—

10. मूषिकभक्षणे तिलाञ्जुहुयात् किं देवा एनोऽकर्तेतीन्द्राय स्वाहेति च ।

evaṁ nigadenaiva siddham | atha kûrcanâçane prâyaçcittam âha—

11. कूर्चनाश एकरात्रमुपवसन्नग्निस्तिग्मेनेति[5] द्वितीयम् ।

"kûrcanâçe"—darbhamayâsanasyâgnidâhâdinâçe sati—"ekarâtram upavasan"—"agnis tigmena"—ity asya "dvitîyam" âvartayet | athoktavyatiriktagṛihopakaraṇanâçane prâyaçcittam âha—

12. अन्यस्मिंश्चानाज्ञाते यं पृषेष्विति[6] द्वितीयम् ।

"anyasmin"—kûrcavyatiriktagṛihopakaraṇe—"anâjñâte"—

[1] S.V. I. 2, 1, 5, 7.
[2] S.V. I. 1, 2, 4, 10.
[3] S.V. I. 1, 1, 3, 2.
[4] Gr. G. S. v. 1, 23-25 (= S.V. I. 2, 2, 3, 5).
[5] S.V. I. 3, 2, 4, 2.
[6] S.V. I. 4, 1, 5, 6.

anâjñâtanâçakâraṇe nashṭe saty uktaikarâtrakalpena "yaṁ vṛitreshu" ity etad "dvitîyam" sâma gâyet | atha putrabhṛityâdimanushyapiḍane prâyaçcittam âha—

13. मनुष्येष्वभिघातेषु घृताक्तानामाढकं जुहुयादग्ने त्वं नो अन्तम'[1] इति चतुर्वर्गेण सामान्तेषु स्वाहाकारैरग्नये स्वाहा वायवे स्वाहा सूर्याय स्वाहा चन्द्राय स्वाहेति च स्नेहवदमांसमन्नं ब्राह्मणान्भोजयित्वा स्वस्ति वाचयित्वा स्वस्ति हैषां भवति ।

"âḍhakam"—prasthacatushṭayam | "agne tvaṁ no antamaḥ" iti "caturvargeṇa" catasra âhutîr "juhuyât" | "caturvargeṇa sâmânteshu svâhâkâraiḥ"—iti svâhâkâraikyam âçaṅkya tad viçadayati | prativargânte svâhâkârayuktenety arthaḥ | atha 'agnaye svâhâ' ityâdicaturbhiç catasra âhutîr juhuyât | caçabdaç caturvargeṇa saha samuccayârthaḥ | "snehavat"—ghṛitâdyupetaṁ mâṁsavarjitam "annaṁ bhojayitvâ" tân bhuktavataḥ "svasti vâcayitvâ" | atra tv açrutena brâhmaṇabhojanasya pûrvakâlatvânavagamât paççâd uktahoma iti gamyate | evaṁ kṛite putrâdînâṁ—"svasti"—avinâçi xemam iha "bhavati" | atha gavâm abhighâte prâyaçcittam âha—

14. गोष्वभिघातेषु घृताक्तानां यवानामाढकं जुहुयादा वो राजानमित्येतेन[2] रुद्राय स्वाहेति च यावतीर्धूम[3] स्पृशति स्वस्ति हासां भवति ।

spashṭaprâyam etat | rudrasya paçupatitvât tadabhivṛiddhyai rudradevatâkamantratvaṁ yuktam | "yâvatîḥ"—gâḥ homârthaḥ "dhûmaḥ spṛiçati"—"âsâm"—"svasti bhavati"—eva | yathâ dhumaḥ sarvâ gâḥ spṛiçati tathâ homaḥ pravṛiddhaḥ kartavya ity abhiprâyaḥ | athâçvâbhighâte prâyaçcittam âha—

15. अश्वेष्वभिघातेषु घृताक्तानां यवानामाढकं जुहुयादश्वी रथी'[4] इत्येतेनाश्विभ्यां स्वाहेति च यावतो धूम स्पृशति स्वस्ति हैषां भवति स्वस्ति हैषां भवति ।

[1] Gr. G. G. xii, 1, 12-16 (= *S.V.* I. 6, 3, 2, 2). [2] *S.V.* I. 1, 2, 2, 7.

[3] *The MSS. here and in the next section follow Pâṇini* viii. 3, 36v. *except D.*

[4] *S.V.* I. 3, 2, 4, 5.

iti çrîsâyaṇâcâryaviracite mâdhavîye vedârthaprakâçe sâmavidhânâkhye brâhmaṇe 'shṭamaḥ khaṇḍaḥ |

vedârthasya prakâçena tamohârdaṁ nivârayan |
pumarthâṁç caturo deyâd vidyâtîrthamaheçvaraḥ ||

iti çrîmadrâjâdhirâjaparameçvaravaidikamârgapravartakaçrîvîrabukkabhûpâlasâmrâjyadhurandhareṇa sâyaṇâcâryeṇa viracite mâdhavîye vedârthaprakâçe sâmavidhânâkhye tṛitîyabrâhmaṇe prathamo 'dhyâyaḥ[1] |

yasya niḥçvasitaṁ vedâ yo vedebhyo 'khilaṁ jagat |
nirmame tam ahaṁ vande vidyâtîrthamaheçvaram ||

II.—1. Prathamâdhyâye nityakarmâgnihotrâdyarthâni prâyaçcittârthâni ca sâmâdhyayanâni bahûny uktâni | athâyurâdikâmârthâni dvitîye 'bhidhîyante | tatra kâmyâni vidhâsyâmîti pratijânîte—

1. अथातः काम्यानाम् ।

"atha"—prâyaçcittaprayogavidhânânantaraṁ yataḥ kâmyânâṁ prayogâpekshaḥ—"ataḥ"—"kâmyânâm"—kamanîyânâm âyurâdiphalânâṁ prayoga ucyata iti çeshaḥ | atha sâmânyaṁ kiṁcit paribhâshyate—

2. अनादेशे त्रिरात्रमुपवासः ।

"anâdeçe"—'kṛicchraṁ caritvâ'—ityâdiviçeshopadeçarahite pradeça âdau "trirâtram upavâsaḥ" kâryaḥ—

3. पुष्येणारम्भः ।

"pushyeṇârambhaḥ" iti yat kâmyam asmin kâle kartavyam iti noktaṁ tasya sarvasya—"pushyeṇa"—pushyayukte câhany ârambhaḥ kartavya iti | atha vakshyamâṇânâṁ kâmyânâm âyushyâdhînatayâyushyâdhyayanâni prathamaṁ vidhâsyâmîti pratijânîte—

[1] In A. D. prapâṭhakaḥ.

4. आयुष्याण्येव प्रथमम् ।

yataḥ sarvakâmyânâm âyushyâpexâsti yataç câyushyaṁ sarvair âçâsyam tasmâd—"âyushyâṇi"—âyuḥsâdhanâdhyayanâni "prathamam" ucyanta iti çeshaḥ | athâyuḥsâdhanaprayogam âha—

5. यशोऽग्निर्मूर्धा¹ जीवातुमिति² द्वे त्वावत³ इन्द्र गतो⁴ याम्ने वैखाना-युरिति चाक्रं त्रिधर्म कुर्वाणस्य पु⁵ द्वे चातारमिन्द्र⁶ इत्यविरिक्षितस्य साम्ने त्वमि न इति सोमः पुनानस्तमुपचन⁷ विश्वतो दावन्निति⁸ पूर्वं रयम्⁹ उत्तमं नवनवायमितिवेद्यो ¹⁰ रिहवर्ग एतेषामेकमनेकं वा सर्वाणि वा प्रयुञ्जानः शतं वर्षाणि जीवति जरयैव म्रियते ।

atha çuddhikâmasya prayogam âha—

6. भ्राजाभ्राजे शुक्रचन्द्रे राजनरौहिणे शुक्रियाणि वा उत्तस्तराद्रौणि चत्वारि सेतुषाम¹¹ इत्येष पवित्रवर्ग एतेषामेकमनेकं वा सर्वाणि वा प्रयुञ्जानः पूतो भवति ।

bhrâjâdisâmâni spashṭâni | "eshaḥ"—uktapratîkasamudâyâtmakaḥ "pavitravargaḥ" sarvapâpaçodhakavargaḥ sâmasamûha ity arthaḥ | "eteshâm" sâmnâm madhye—"ekam anekaṁ vâ"—ekam eva vânekaṁ dve trîṇîtyâdi vâ yathâçakti "sarvâṇi vâ"—iti trishu paxeshv ekam icchayâ sadâ—"prayuñjânaḥ"—paṭhyamânaḥ "pûto bhavati" anudinaṁ saṁbhavaiḥ çuddho bhavati | atha bahupratigrahabahuyâjanavishayaçuddhikâmasya prayogam âha—

¹ *S.V.* ii. 8, 3, 13, 1, *or* 17, 1. ² Gr. G. G. v. 2, 17-18 (=*S.V.* i. 2, 2, 5, 8)
³ *S.V.* i. 2. 2, 5, 9. ⁴ *S.V.* i. 4, 1, 3, 6.
⁵ *S.V.* i. 4, 1, 5, 1 =Gr. G. G. ix. 1, 1-2. ⁶ *S.V.* i. 4, 1, 5, 2.
⁷ *Not in the VV. SS.* ⁸ *S.V.* i. 5, 2. 1, 1. ⁹ c² रयवाम्. ¹⁰ Âr. S. 1, 4.
¹¹ Bhrâjâbhrâje—Âr. G. P. iv. 1, 6 *and* 7 (=*S.V.* ii. 6. 3, 10, 1, *and* *S.V.* i. 1, 1, 3, 7); çukracandre—Âr. G. p. ii. 6, 7, *and* 8 (=Âr. S. ii. 6, *and* *S.V.* i. 2, 2, 1, 3); râjanarauhiṇake—Âr. G. 4, 9, *and* 10 (=*S.V.* i. 4, 1, 5, 6); *the* çukriya *verses form an appendix to the* Âr. G.; *the* setusâma *is the last verse of parva* I. *of the* Âr. G.; *it begins with the words* "setuṁ stara," *but is not in the VV. SS.*

7. अग्राह्यं प्रतिगृह्य याजयित्वासन्नमात्मानं मन्यमानो गौषूक्ताश्वसूक्ति' हुवा-हुवीये' मरुत्स मद्योक्षितानि' प्रयुञ्जानः पूतो भवति ।

apratigrâhyapratigrahe 'yâjyayâjane ca prâyaçcittasyoktatvâd asya kâmyaprakaraṇatvâc ca pratigrâhyasyaiva dhanaṁ svakuṭumbabharaṇâpexayâdhikâm "pratigṛihya" ayâjyân eva bahûn "yâjayitvâ vâ"—"âsannam" sukṛitâpagamenopaxîṇam "âtmânaṁ manyamânaḥ"—gaushûktâdîny "etâni" sâmâni "prayuñjânaḥ pûto bhavati" | atha brahmalokaprâptisâdhanaçuddhikâmasya prayogam âha—

8. तवश्रवीयं[3] प्रयुञ्जानः शुचिः पूतो ब्रह्मलोकमभिसंपद्यते न च पुनरावर्तते ।

"agne tava çravaḥ"—ity asyâm utpannaṁ "tavaçravîyam" | tat sâma sadâ—"prayuñjânaḥ çuciḥ pûtaḥ"—san—"brahmalokam"—brahmaṇaç caturmukhasya—lokyata iti lokaḥ sthânam—"abhisaṁpadyate"—âbhimukhyena prâpnoti | yady api çucitvapûtatvayor[4] ekârthatâ tathâpi purushasaṁskârasya malopagamaguṇâdhânarûpeṇa dvaividhyât[5] "çuciḥ"—ity etena malâpagamanalaxaṇaṁ "pûtaḥ"—ity etena sukṛitaprâptilaxaṇaguṇâdhânam ucyate | na ca 'karmaṇâ pitṛiloko vidyayâ devalokaḥ' iti[6] vyavasthitatvât sâmâdhyayanalaxaṇasya karmaṇo vidyâtvâbhâvât kathaṁ brahmalokaprâptisâdhanatvam iti vâcyam | anena cittaçuddhau satyâṁ saguṇopâsanadvârâ brahmalokasya prâptuṁ çakyatvâd asya tatsâdhanatvam | athavâ 'karmaṇâ pitṛilokaḥ'—iti vâdasyâpi vâcanikatvaviçeshât[7] sâxât sâdhanatvam na virudhyate | kiṁcid vacanaṁ na kuryât | nâsti vacanasyâtibhâra iti hi nyâyât | "na ca punar âvartate"—iti brahmalokaṁ prâptavatâm—

'brahmaṇâ saha te sarve saṁprâpte pratisaṁcare |
parasyânte kṛitâtmânaḥ praviçanti paraṁ padam' ||

iti kâlât sâyujyam | ukter vidhânât na punar âvṛittiḥ | ârogyakâmasya prayogam âha—

[1] *Several verses in the gânas have these names.* [2] *S.V.* I. 6, 1, 2, 4.
[3] *S.V.* II. 9, 2, 1, 1. [4] c³ çacipûtaçabdayor. [5] c³ dvaividhyaṁ.
[6] c³ *inserts* çrutau *after* iti. [7] c³ vacanatvaviçeshât.

9. उदुत्तमं वरुणपाशमित्येतत्सदा प्रयुञ्जानः संबाधं न निगच्छति निगतश्च प्रमुच्यते ।

"ud uttamam" ity "etat sadâ"—nityakarmâvirodhena prayuñjânaḥ—"saṁbâdham"—vyâdhyâdipîḍanaḥ | tam—"na nigacchati"—na kadâcidapi prâpnoti | "nigataç ca pramucyate"—nitarâṁ saṁbâdhaṁ prâptaç cânena prayogeṇa tasmât pramucyate | atha dîrghâyushkâmasya prayogam âha—

10. गौरान्सर्षपांस्तुचे तुनाय तत्सु न[1] इत्येतेन साम्नान्वहं प्राश्नीयाद्दीर्घायुर्भवति ।

"tuce tunâya tat su naḥ" ity "etena" sâmnâ—"gaurân sarshapân"—abhimantryânvahaṁ "prâçnîyât" | "dîrghâyuḥ"—çatavarshajîvî bhavati | atraiva prayogântaram âha—

11. त्रीनुदकाञ्जलीन्सदाचामेत्पिबा सोममिन्द्र मन्दतु त्वेत्येताभ्यां[2] दीर्घायुर्भवति दीर्घायुर्भवति ।

"sadâ"—anvaham ity arthaḥ | "pibâ somam" ity "etâbhyâm" trîn udakâñjalîn abhimantrya—"âcâmet"—pibet | çishṭam uktaprâyam |

iti çrîsâyaṇâçâryaviracite mâdhavîye vedârthaprakâçe sâmavidhânâkhye brâhmaṇe dvitîyâdhyâye prathamaḥ khaṇḍaḥ.

II.—2. Athotpannaputrâṇâm amaraṇaṁ kâmayamânasya prayogam âha—

1. अथ यस्य जातानि प्रमीयेरन्नश्वत्थोपभृच्छाम्यद्धरमूलं चीत्वाथ तद्दृ-क्षिप्तं धारयेत्रिवृतमग्निं प्रतिष्ठाप्याहुता कृत्वा मणिं निधायाश्वत्थानि-रित्येतेनाभिजुहुयात्सहस्रकृत्वः प्रतावरं तृतीये गर्भमासि निदध्याद्दा-क्षिणे मेखलायां मणिं धारयेत्पुमांसं ह जनयति जातस्य कण्ठे ·बध्नी-

[1] Â. S. 1, 4.
[2] S.V. i. 5, 1, 1, 5 (Gr. G. G. x. 2, 31, 32).
[3] S.V. i. 5, 1, 1, 5.
[4] S.V i. 1, 2, 3, 1 (?).

कुमारं प्राशयेत् सर्वाणि स्रोतांसि तर्पयेद्द्विजांस्तत ऊर्ध्वमुपयुक्ते पुनः प्रयोगः शतं वर्षाणि जीवति जरयैव विस्रंसते ।

athaçabdo 'rthântarasaṁkrântyarthaḥ | "yasyâḥ"—bhâryâyâḥ—"jâtâni"—utpannâny apatyâni—"pramîyeran"—mṛitâni bhavanti | tasyâs[1] tṛitîyagarbhamâsîti sambandhaḥ | "nyagrodhaçriṅgân"—vaṭaçâkhâgramukulân—"çaramûlam"—çaradaṇḍasâdhanatṛiṇasya mûlaṁ "cotthâpya" — "tadahaḥ" — tasmin prayogadivase uktadravyapishṭâbhyâṁ triparvâṇaṁ "maṇiṁ kârayet" | atha—"agniṁ pratishṭhâpya"—"âvṛitâ"[2]—pâkayajñaprayogaprakâreṇa "hutvâ"[3] vyâhṛitihomaparyantaṁ[4] kṛitvâ "maṇim" agneḥ paçcâddeçe "nidhâya" "abodhy agniḥ"—ity etena mantreṇâgnâu—"abhijuhuyât" "sahasrakṛitvaḥ"—paramâvadhiḥ—"çatâvaram"—çatakṛitvo 'varam | tadoktavârasampâtena maṇau juhuyât | etat "tṛitîye garbhamâsi" kartavyam |[5] "âjyaçesham"—hutaçishṭam âjyaṁ barhishy eva vaxyamâṇaprayogârtham—"nidadhyât"—sthâpayet | sâ nârî taṁ hutaṁ trivṛitaṁ "maṇiṁ mekhalâyâṁ dhârayet" | evaṁ kṛite sâ "pumâṁsaṁ" putraṁ "janayati" tasya "jâtasya kaṇṭhe" mekhalâdhṛitaṁ maṇim—"avasṛijet"—badhnîyât | tad "âjyaçeshaṁ kumâraṁ prâçayet" | tathâ—"sarvâṇi srotâṁsi"—nâsikâçrotrâdîni "tarpayet" | dvijân[6] prîṇayet | "tata ûrdhvam" eva—"ahar ahaḥ" tam âjyaçesheṇa—"abhyañjîta" | "upayukte" tasminn âjyaçeshahomasya "punaḥ prayogaḥ" kâryaḥ | sahasrakṛitva âjyena[7] maṇim abhi hutvâ punaḥ çeshaṁ sampâdayed abhyañjanârtham | evaṁ kṛita utpannaḥ putraḥ "çataṁ varshâṇi jîvati" | tad evâha—"jarayaiva visraṁsate"—na tanmadhye sraṁso 'sya bhavati | atha raxogṛihîtasya prayogam âha—

2. अथ यो रक्षसा गृहीतः स्याद्वायसनिहतस्य पूतीकेभ्यः शुष्काया गोः सरूपवत्साया गव्यका गव्यं पेशं मणिमुत्थाप्य सहस्रकृत्वं कारये-

[1] omitted in c³.
[2] omitted in c³.
[3] for pâka° . . . . hutvâ. c³ has âjyatantraprakâreṇa çodhitaṁ hutvâ.
[4] c³ vyâhṛitiparyantaṁ.
[5] omitted in c³.
[6] c³ atra pûjyân.
[7] c³ pûritenâjyena.

चक्षिमग्निं मतिशाखामुता ज्ञात्वा मणिं त्रिधायेन्द्र त्रिधातु शरणमिति[1]-नेनाभिजुहुयात्सहस्रकृत्वः शतावरं तं मणिं कण्ठेन शिरसा वा धारयन्नु-ऽत्तौ रक्षसा यद्वा उ विश्पतिरिति[2] चैतत्सदा प्रयुञ्जीत स्वस्ति हास्य भवति।

athaçabdaḥ pûrvavat | "yaḥ"—raxaḥprabhṛitibhir "gṛihîtaḥ syât" tasya prayogo vaxyata iti çeshaḥ | tasmin prayoge 'gnisamindhanâya "açanihatasya vṛixasya" sambandhi—"idhmaḥ" kâryaḥ | homâdyartham[3]—"çuklâyâ goḥ sârûpavatsâyâḥ"—çuklavarṇavatsopetâyâḥ sambandhi—"âjyam"—kâryam | uktalaxaṇâyâ alâbhe 'sarûpavatsâyâḥ çuklâyâ goḥ sambandhi "vâ" kâryam | "tadahaḥ"—tasmin prayogadine—"vailvaṁ maṇim utthâpya"—vilvavṛixasambhavaṁ maṇiṁ taxaṇâdinâ—"utthâpya"—sampâdya—"tadahas trivṛitam kârayet"—triparvâṇaṁ kuryât | "maṇim agnim" ityâdi[4] pûrvavat | atra—"indra" iti homamantraḥ[5] | "yad vâ u viçpatiḥ"—iti—"etat" sâma "sadâ prayuñjîta" | evaṁ kṛite raxasâdibhir mucyate | "asya svasti"—avinâçi xemaṁ "bhavati" | atha rogaçântikâṁasya prayogam âha—

3. आमयावी कौम्भ्यं घृतं विश्वाः पृतना अभिभूतरं नर[6] इत्येतेना-भिजुहुयात्सहस्रकृत्वः शतावरं जीवेति चास्य निधनं कुर्यादेतेनैव सदा प्राश्नीयादमुष्यन्नामयाव्यादौ नो निधायवश्चेति[7] चैतत्सदा प्रयुञ्जीत स्वस्ति हास्य भवति स्वस्ति हास्य भवति।

âmayo rogas tadvân—"âmayâvî" | "kaumbhyam"—kumbhe nihitam | "viçvâh pṛitanâ abhibhûtaraṁ nara ity etena" mantreṇa — "sahasrakṛitvaḥ" — sahasrasaṁkhyâparyantam — "çatâvaram" çatasaṁkhyayânyûnaṁ vâ[8] yathâsaṁbhavaṁ dviçatatriçatâdikaṁ vâ—"abhijuhuyât" | "asya" mantrânte[9] "jîveti nidhanaṁ kuryât"—"etenaiva" kaumbhyaghṛitena[10] hutiçishṭe-

[1] S.V. i. 3, 2, 2, 1. [2] S.V. i. 2, 1, 2, 8. [3] c² homârthaṁ. [4] c² ityâdi çishṭaṁ.
[5] c² atra vrate homamantraḥ "indra tridhâtu çaraṇam" iti. [6] S.V. i. 4, 2, 4, 1.
[7] S.V. i. 3, 1, 3, 7. [8] c² omits vâ. [9] c² mantrasyânte. [10] c² kaumbhyena ghṛi°.

naivâktam annam—"sadâ"—bhojanakâle "prâçnîyât"—evaṁ kṛite[1] âmayâvitvâu "mucyate"[2] | "â no mitra"—ityâdi spashṭam—

iti çrîsâyaṇâcâryaviracite mâdhavîye vedârthaprakâçe sâmavidhânâkhye brâhmaṇe dvitîyâdhyâye dvitîyaḥ khaṇḍaḥ—

II. 3. Atha xudrarogaçântikâmasya prayogam âha—

1. अथ यदङ्ग रुजेच्छं नो देवी रहस्येन घृतमभिगीयाभ्यञ्ज्या- च्छाम्यति ह ।

ukto 'thaçabdaḥ | "asya"—adhîtasâmarahasyayajamânasya saṁbandhi "yad" yad aṅgam—"rujet"—vyathayet sâmarthyâxamaṁ labhyate | sa tasyâpanuttaye "çaṁ no devîḥ" ity asyâṁ gîtena "rahasyena"—"ghṛitam abhigîya"—abhyañjyamânaṁ ghṛitam abhi gîtvâ tena ghṛitena—"abhyañjyât"[4] pratidinaṁ tathâ kṛite tasya çântir bhavati | prayogântaram âha—

2. द्विकाद्येनोदकं पाययेच्छीताभिरद्भिरभिषिञ्चेत्सोमं राजानं[6] सभा- वृत्ते[7] -त्विं होतारमित्येतानि चैनमभिश्रावयेच्छाम्यति ह ।

ayaṁ prayogo 'nadhîtasâmâdhyayanasya | "dvikâdyam"—"çaṁ no devîḥ" ity asyâṁ gîtayoḥ prathamenâbhimantritam "udakam" rugṇam "pâyayet" | "vâ"-çabdaḥ pûrvaprayogeṇa vikalpârthaḥ | "somaṁ râjânam" ity etena çîtodakair abhishiñcet | çishṭam uktaprâyam | udakapânâbhishecanâpexayâ "etâni ca"—iti çabdaḥ |

atha sarpabhayaparihârakâmasya prayogam âha—

3. यद्भूम्यां सर्पसुगन्धां पीत्वाय तदहस्त्रिवृतं कारयेच्चित्रमणिं प्रतिसाप्यायुतां कृत्वा मणिं निधाय चर्मवीभूतमिति[8] सर्वेषामिमुज्जयात्व- दुखस्य: समाचरं तं मणिं कण्ठेन शिरसा वा धारयतो न सर्पभयं भवति सर्पाणीयाया च सर्पसाम[9] सदा प्रयुञ्जीत स्वस्ति हास्य भवति ।

[1] c[2] omits evaṁ kṛite. [2] c[1] âmayâvî vyâdhibhyo vimucyate. [3] S. V. i. 1, 1, 3, 13.

[4] *For* abhigîya . . . abhyañjyât, c[1] *has* "abhigîya"—ghṛitam âjyaṁ mṛijyamânam abhigâyet | tathâ ghṛitam abhigîya tena ghṛitenâbhyañjyât | •

[5] *S. V.* i. 1, 2, 5, 1. [6] *S. V.* i. 1, 2, 3, 8. [7] *S. V.* i. 5, 2, 3, 9. [8] *S. V.* i. 4, 2, 4, 6.

[9] *S. V.* i. 2, 2, 3, 5, *which is the original of the Sarpasâma in the* Âr. G.-g. i. 7, 11.

kadâcid api sarpabhayam me mâ bhûd iti ya icchet saḥ—"çaṅkhapushpîṁ sarpasugandhâm"—vilvapatramdṛiçaxudrapatropetâṁ vishamâraṇaprayogaprasiddhâm etad dvayaṁ[2] ca "trivṛitaṁ[3] maṇiṁ" kṛitvâ[4] "çirasâ kaṇṭhena vâ" dhârayet tadâprabhṛiti "kayânîyâyâm" utpannaṁ[5] "sarpasâma" yathâçakti "prayuñjîta" | evaṁ kṛite vishaprasaṅgarahitaḥ san—"svasti"—xemaṁ prâpnoti | çishṭaṁ spashṭam |

atha çastrabhayanivṛittikâmasya prayogam âha—

4. श्वेतपुष्पीं बृहतीमुत्थाप्य तदहस्त्रिवृतं कारयित्वा हिरण्मयेन प्रतिच्छाद्या-
वृतं कृत्वा मणिं निधाय यो नु त्वा यावतवर्णैतैनाभियुज्य तस्यैकाहरन:
सहस्रावरं तं मणिं कण्ठेन शिरसा वा धारयन्तो न शस्त्रभयं भवति यत इन्द्र
भयामहे' इति चैतत्सदा प्रयुञ्जीत स्वस्ति हास्य भवति ।

spashṭo 'rthaḥ[8] | atha bahvannakâmasya prayogam âha—

5. श्वेतपुष्पमर्कमुत्थाप्य तदहस्त्रिवृतं कारयित्वा हिरण्मयेन प्रतिच्छाद्यावृता
कृत्वा मणिं निधाय त्वामिद्धि हवामहेऽनेनाभियुज्य तस्यैकाहरन: सहस्रावरं तं
मणिं कण्ठेन शिरसा वा धारयन्बह्वन्नो भवति ।

spashṭo 'rthaḥ | atha bhixukâmasya sarvatrânnakâmasya prayogam âha—

6. दीर्घतमसो ०र्कौ ०र्कंशिरो ०र्कंग्रीवा"[10] इति चैतानि प्रयुञ्जानः
सर्वत्रान्नं लभते ।

spashṭo 'rthaḥ | tathâ pipâsâbhâvecchoḥ prayogam âha—

7. समस्यायन्तीविषर्व"[11] प्रयुञ्जानो न पिपासया म्रियते ।

[1] c[3] vishapraharaṇa°. [2] c[3] cabadbîṁ *for* etad dvayaṁ. [3] c[3] pishṭvâ tri°.
[4] c[3] *adds after* kṛitvâ—maṇim agnim ityâdy uktam | taṁ maṇim.
[5] c[3] *adds* tadâ *after* utpannaṁ. [6] *S.V.* I. 3, 2, 5, 2. [7] *S.V.* I. 3, 2, 4, 2.
[8] *For* spashṭo 'rthaḥ, c[3] *has* pûrvavad yojyam.
[9] *Several verses in the* R.G. *are called by this name; also one in the* Âr. G.
[10] Âr. G. p. i. 3, 4 (=*S.V.* I. 6, 2, 2, 5). 11 (=Âr. G. i. 3). 12 (*not in S.V.*).
[13] Â.S. iii. 6.

"samanyâ yanti"—ity atrotpanna-"nidhanaṁ" sadâ prayuñjânasya na "pipâsayâ" maraṇaṁ[1] bhavati | athâpsu maraṇâbhâvecchoḥ prayogam âha—

8. ऋतावोचीय' प्रयुञ्जानो नाप्सु म्रियते ।

spashṭam | 'âmayâvî kaumbhyam'—'atha yad asya rujet'—ityâdinâm avântararogasya çarîraikadeçarogasyaiva prayoga uktaḥ | atha "acodasaḥ"—ityâdinâ yaxmâdirugṇasya prayoga ucyate—

9. अचोदस' इति तृतीयं प्रयुञ्जीत नैनं यक्ष्मा गृह्णाति ।

spashṭo 'rthaḥ | atha vishamaraṇâbhâvakâmasya prayogam âha—

10. त्वमिमा ओषधीरित्येतत्साम प्रयुञ्जानो न गरेण म्रियते ।

garaḥ kṛitrimavisham | tenoktasâmânushṭhâtur na kadâcid api[5] mṛitir bhavati | atha nirvishîkaraṇaprayogam âha—

11. सं ते पयांसीति' पूर्वेण प्रथमं ग्रासं ग्रसेदुत्तरेण निगिरेद्विषम-प्यस्यान्नं भवति नैनं हिनस्ति नैनं हिनस्ति ।

"saṁ te payâṁsi"—ity asyâm utpannena "pûrveṇa" sâmnâ bhojanakâle[7]—"prathamaṁ grâsaṁ graset"—âsye nixipet[8]—"uttareṇa" sâmnâ—"nigaret"—udarântaraṁ praveçayet | evaṁ kṛite sati "asya" bhoktuḥ "visham api"—annavat pushṭikaraṁ "bhavati" | "enam"—prayoktâram—"na hiṁsati" na kadâcid api hinasti | dviruktiḥ samâptidyotanârthaḥ |

iti çrîsâyaṇâcâryaviracite mâdhavîye vedârthaprakâçe sâmavidhânâkhye brâhmaṇe dvitîyâdhyâye tṛitîyaḥ khaṇḍaḥ |

II. 4. Atha sarvatra xemakâminaḥ prayogam âha—

1. परमोरद्खमुत्थाय देवव्रतैरभियुञ्ज्यादनुगानघ्नकेन स्वस्त्ययनेन यत्र क्व च गच्छति सर्वत्र क्षेमी स्वस्ति भवति ।

[1] [2]c pipâsâmaraṇaṁ. [2] S.V. i. 2, 2, 1, 7. [3] S.V. i, 6, 2, 2, 2. [4] Â.S. iii. 3.
[5] c[3] kadâpi. [6] Âr.S. iii. 2. [7] c[3] *omits* bhojanakâle.
[8] bhojanakâle vadane nixiped. [9] Âr. G. p. iii. 5, 6-8 (*not in* VV. SS.).

xemakâmî—"karavîradaṇḍam utthâpya"—sampâdya "devavrataiḥ" sâmabhir agnau hutvâ tatsaṁkhyair âvair daṇḍasyopari—"abhijuhuyât"—atas[1] tad abhimṛiçya tair evânugâyet | atrâpi sahasrakṛitvaḥ çatâvaraṁ homo sâmagânaṁ coti drashṭavyam | evam—"anugânaçastena"—anugânena praçastena—"hastagatena"—daṇḍenopalaxito "yatra kvaca gacchati" tatra "sarvatra hâsya svasti"—avinâçi xemaṁ[2] "bhavati"—eva | uktaprayogaviçishṭasya nagarâdiraxaṇe viniyogam[3] âbo—

2. तेन नगरं वा निगमं वा ग्रामं वा घोषं स्कन्धावारं वा मनसा ध्यायन्प-रिलिखेन्नात्रानिष्टाः प्रविशन्ति ।

"tona" homânugânâbhyâṁ praçastena karavîradaṇḍena nagarâdînâm anyatamaṁ bhayopadrutaṁ raxitum icchet taṁ "manasâ dhyâyan" caurâdibhi raxâ te 'stv iti cintayan—"parilikhet"—vahiḥ parito lekhâṁ kuryât tathâ sati—"atra" rekhâyukte nagarâdau—"anishṭâḥ"—anîpsitâç caurâdayo "na praviçanti"|[4] saṁprâpte bhaye mârge prayogam âha[5]—

3. प्रतिभये ऽध्वनि देवव्रतानामाद्यं[6] गीत्वा मध्यममावर्तयेद्गते ऽध्वन्युत्तमं समापयित्वा विरमेत् ।

"pratibhaye"—saṁprâpte bhaye—"adhvani" mârge tam âpâdya devavratânâm—"âdyam"—sakṛid "gîtvâ" gamanakâle—"madhyamam"—devavratam—"âvartayet"—âvartayann eva mârgaṁ gacchet | "adhvani gate"—atîte "uttamam"—devavratam "samâpayitvâ viramet" | evaṁ sa ciraṁ mârgaṁ kuryât | evaṁ kṛite mârge prâptam api bhayaṁ nivartata eva | athâpakâriṇâṁ çatrûṇâṁ pratyaxadarçane sati tadapagamopâyam âha—

4. उपतप्तश्चाभ्युपुच्छा देवव्रतानि[7] मनसा ध्यायेच्छिवमिति ।

spashṭo 'rthaḥ | daivâdyutthitabhayanivâraṇaprayogam âha—

[1] c³ tatas. [2] c³ avinâçaḥ xemo. [3] c³ viniyogaprayogam.
[4] For kuryât . . . praviçanti, c³ has kṛitvâ adhvaniashṭâḥ praviçanti.
[5] c³ athâdhvani bhayanivṛittyarthaṁ prayogam âha | [6] Âr. G. iii. 5, 6.
[7] Âr. G. iii. 5, 7. [8] *See above.*

5. अमानुषे भये अयामीयां तृतीयमावर्तयेदिन्न द्विषन्ति ।

spashṭo 'rthaḥ | athârthârtham adhvânaṁ gacchataḥ xemeṇa sârthaṁ punarâgamanakâmasya prayogam âha—

6. अध्वानमभ्युत्थित आ मन्द्रैरिति' वर्गं गीत्वा ऽनपेक्षमाणो व्रजेत्स्व-स्त्यर्थचरितः पुनरेति नाध्वनि च प्रमीयते ।

"adhvânam"—gantavyaṁ mârgam—"abhyutthitaḥ"—abhikramaṇâya tishṭan—"â mandrair iti vargaṁ gîtvâ—"anapexamâṇaḥ"—atîtaṁ mârgaṁ punargamanâyânâkâṅxamâṇaḥ—"vrajet"—"svastyarthacaritaḥ"—xemaviçishṭârthâcaraṇaḥ san "punaḥ" svagṛiham "eti nâdhvani pramîyate" | artho 'pi na naçyati | athânadhîtasâmâtmakasya prayogam âha—

7. अन्यो वैनमनुगायेत्कदा च न स्तरीरसीत्येतेन' वैनमभिश्रावयेदुक्तसा-नि सदृषिमावर्तयेत्समाप्यानपेक्षमाणः परो व्रजेत्स्वस्त्यर्थचरितः पुनरेति नाध्वनि च प्रमीयते ।

"anyo vâ" sâmâdhyetâ kaçcit "enam" anadhîtam arthârthaṁ gantâraṁ "anugâyet" | kiṁ gâyet | pûrvoktam iti gamyate | kiñca "kadâ ca na"—ity etâni sâmâny enam "abhiçrâvayet" | uktasâma "samâpya" arthârthinam—"anapexamânaḥ paraḥ"—prayoktaiva eva "vrajet" svagṛihaṁ sadhanaṁ gacched ity arthaḥ | çeshaṁ spashṭam | kecid evam âhuḥ—"samâpya vrajet"—iti pûrvakâlatâmâtre ktvâpratyayo na samânakartṛikatve | ataḥ—"paraḥ"—ity evam arthârthinaṁ samâpte sâmni paro 'rthârthî gacchan | gantâram anyam arthârthinam anapexamâṇo gacched iti | râtrâv ahani ca svastyayanakâmasya prayogam âha—

8. एषो उषा अपूर्व्येति' संविशन्नसदा प्रयुञ्जीतावाच्य स्वस्त्ययनमुदिते चरन् च पुनर्विशेताव्य स्वस्त्ययनम् ।

"esho ushâ apûrvyâ"—ity etat sâma râtrau—"saṁviçan"—

[1] S.V. i. 2, 2, 3, 5 = Âr. G. p. I. 7, 9–11.

[2] S.V. i. 3, 2, 1, 4 = Gr. G. G. vi. 2. 27–29.

[3] S.V. i. 4, 1, 1, 3.

[4] S.V. i. 2, 2, 4, 4.

[5] S.V. i. 2, 1, 4, 2.

çayanaṁ kurvan "prayuñjîta" | tathâ kṛite—"âkâlam"—punarudayaparyantaṁ—"svastyayanam"—xemaprâptir bhavati | tathâ —"yad adya"—ity etat sâma—"udite"—bhâsvaty udayaṁ gacchati sati "sadâ prayuñjîta" tathâ saty—"âkâlam"—punarastamayakâlaparyantaṁ "svastyayanaṁ[1]" bhavati | atha jarâmṛityujayaprayogam âha—

9. मूलफलैरुपवसथं कृत्वा मासमुपवसेदरण्ये निस्तान्तवो मुनिर्या रौहिणी वा पौषी वा पौर्णमासी स्यात्तदहरुद्यन्तमादित्यमुपतिष्ठेतोद्वयं तमसस्परीत्येतेन तत ऊर्ध्वं तद्व्रतस्तद्भक्षश्चत्वारि वर्षाणि प्रयुञ्जानो जरामृत्यू जहाति जरामृत्यू जहाति ।

mûlaiḥ phalair vobhayair vopavâsadinayogyam[3]—"upavasatham"—tena çarîranirvâhaṁ "kṛitvâ" mâsaparyantam "araṇye upavaset" | "nistântavaḥ"—tantunirmitaṁ vastraṁ tântavam | tena virahito 'jinavalkalâdyâcchâditaḥ—"munir"—vâṅniyamopetaḥ san | "yâ rauhiṇî vâ"—rohiṇînaxatrayuktâ vâ—"paurṇamâsî paushî vâ"—pushyanaxatropetâ vâ—"syât"—bhavet—"tadahaḥ"—tayor ekasmin dine—"udyantam âdityam"—"ud vayaṁ tamasas pari"—iti—"etena" sâmnâ "upatishṭheta" | evaṁ mâsavratî bhûtvâ—"tata ûrdhvaṁ tadvrataḥ"—uktanistântavamaunavratopetaḥ—"tadbhaxaḥ"—uktamûlaphalabhaxaḥ san—"catvâri varshâṇi"—evam—"prayuñjâno jarâmṛityû jahâti"—na kadâcij jarâmaraṇe prâpnotîty arthaḥ | abhyâsaḥ khaṇḍasamâptyarthaḥ |

iti çrîsâyaṇâcâryaviracite mâdhavîye vedârthaprakâçe sâmavidhânâkhye brâhmaṇe dvitîyâdhyâye caturthaḥ khaṇḍaḥ |

II. 5. Kuṭumbâdînâṁ[4] vaçîkaraṇam upari vaxyate | idânîm ekamanushyavaçîkaraṇaprayogam âha—tatrâdau pratijânîte—

1. यद्येकमनुष्यवशमावर्तनं स्त्रिया वा पुंसो वा ।

[1] c³ punarastamayakâlasvastyayanaṁ.

[2] *This v. is not in the S.V.; it occurs in R.V. i. 50, 10.*

[3] c³ °dine bhojanam.

[4] c³ amarâdînâṁ.

"atha" — ity arthântaradyotanârthaḥ | "ekamanushyâṇâm" — ekasya manushyajâtîyasya — "âvartanam" — vaçîkaraṇaṁ tatprayoga ucyata iti çeshaḥ | tad eva viçinashṭi—"striyâ vâ puṁso vâ"—yasya nârî pumân vâ vaçîkartum arhaḥ syât tasya striyâḥ puṁso vâ—âvartanaṁ vaxyata iti | atha tadârambha-kâlam[1] âha—

2. श्रवणेन व्रतमुपेत्य ।

"çravaṇena"—çravaṇanaxatreṇa yukte candramasi yuktam | 'athâtaḥ kâmyânâm anâdeçe trirâtram upavâsaḥ'—ity uktam "vratam"—"upetya"—upakramya vaxyamâṇaprayogaṁ vihita-kâle kuryât | atha tatprayogam âha—

3. पूर्वैः प्रोष्ठपदैः पांसुभिः प्रतिकृतिं कृत्वा[2] प्राक्शिरसं पूर्वाह्णे दक्षिणा-शिरसं मध्याह्ने प्रत्यक्शिरसमपराह्णे उदक्शिरसं तस्य हृदयदे-शमधिष्ठायाथ न इन्द्र सोम[3] इति ब्राह्मणस्येन्द्र न एकमिति[4] क्षत्रियस्येव प्र सोम[5] इति वैश्यस्य विभोष्ट इन्द्र राधस[6] इति शूद्रस्योद्वयं तमसस्परीति[7] वा सर्वेषां सौवर्णीं प्रतिकृतिं कुर्याद्ब्राह्मणस्य राजतीं क्षत्रियस्यौदुम्बरीं वैश्यस्यायसीं शूद्रस्यौदुम्बरीं वा सर्वेषामवमसार्थिति प्राक्शिरसमग्नौ प्रतिष्ठाप्यौदुम्बरेण स्रुवेणाज्येनाभिजुहुयाद्वशाय[8] इत्येभिर्धर्मेण वशी हास्य भवति ।

"pûrvaiḥ proshṭhapadaiḥ"—yukte candramasi vaxyamâṇaṁ pra-yogaṁ kuryât[9]—"pâṁsubhiḥ"—sâdhyasya purushasya striyâ vâ "pratikṛitim kṛitvâ"—ayam asâv itîyam asâv iti striyâ nâmoccâ-rya tatpratikṛitau manasâ sâdhyarûpaṁ bhâvayitvâ prâṇaṁ pra-tishṭhâpya tâṁ "pûrvâhṇe prâkçirasaṁ" "madhyâhne daxiṇâçi-rasam" "aparâhṇe pratyakçirasam" "ardharâtre udakçirasam", vivikte deçe sthâpya tasyâḥ pratikṛiteḥ—"hṛidayadeçam adhi-shṭhâya" pâdenâkramya "brâhmaṇasya" brâhmaṇyâ vâ pratikṛi-

[1] c³ tasya vratârambhakâlam.
[2] A. and C. alone here कृत्वा.
[3] S.V. i. 2, 2, 5.
[4] S.V. i. 1, 2, 2, 3.
[5] S.V. i. 6, 2, 2, 3.
[6] S.V. i. 4, 2, 3, 7.
[7] R.V. i. 50, 10.
[8] S.V. i. 4, 2, 4, 6.
[9] c³ vaxyamâṇaṁ prayuñjîta.

tiç cet tâṁ spriahṭvâ—"ayaṁ ta indra somaḥ" iti japet | evam uttaratra[1] yojyam | xatriyajâtîyasya cet—"idaṁ ta ekam"—iti japet | vaiçyajâtîyasya cet—"esha pra koçe"—iti japet | "çûdrasya" cet —"vibhoshṭa indra"—iti | atha-"vâ sarveshâṁ" pratikṛitâu—"ud vayam"—iti vâ japet | athavâ jâtibhedena "brâhmaṇasya"-anyâṁ "sauvarṇîṁ pratikṛitiṁ kuryât" "xatriyasya râjatîṁ"—"vaiçyasya audumbarîm" tâmramayîṁ—"çûdrasya"—"âyasîm"—kṛishṇâyasamayîm[2] | atha- "vâ sarveshâm audumbarîm" —tâmramayîṁ striyâḥ purushasya vâ sâdhyasyânyâṁ pratikṛitiṁ kṛitvâ—"ayam asau"—iti purushasya—iyam asau—iti striyâḥ prâṇapratishṭhâṁ manasâ kṛitvâ tâṁ pratikṛitim "agnau prâkçirasaṁ pratishṭhâpya"—"audumbareṇa"—tâmramayeṇa "sruveṇa" "acchâ vaḥ"—iti mantreṇa—"1" iti nidhanâyuktena —"abhijuhuyât" | evaṁ kṛite tasya sâdhakasyâsâdhyaḥ pûrvam aguṇo[4] 'pi "guṇîbhavati"—itiha vaçîbhavati khalu[5] | guṇaçabdâd abhûtatadbhâve (P. v. 4, 50) cviḥ | tasya sarvâpahârî lopaḥ | tasya gatisaṁjñâyâm "te prâg dhâtoḥ" (P. i. 4, 80) iti prâkprayogo bhavati | vyavahitâç ceti (P. i. 4, 82)—"hâsya" iti padadvayena vyavahitaprayogaḥ | athâsya prayogântaram âha—

4. कृष्णव्रीहीणां नखनिर्भिन्नानां पिष्टमयीं प्रतिकृतिं कृत्वा पिष्टस्वेदं स्वेदयित्वा सर्षपतैलेनाभ्यज्य क्षुरेणाङ्गान्यवदायाग्नौ जुहुयात् प्र मन्दिन' इत्येतेन हैवं स्वयं भ्रातृव्यादितरस्याभावे स्थित्वा ।

"kṛishṇavrîhîṇâm"—kṛishṇavarṇânâṁ vrîhîṇâm—"nakhanirbhinnânâm"—avaghâtena vinâ nakhaiḥ sampâditânâṁ taṇḍulâṇâṁ svayaṁ pishṭena sâdhyapurushasya vâ striyâ vâ "pratikṛitiṁ kṛitvâ" pûrvavad ayam asâv iti jîvaṁ pratishṭhâpya tasyâ upari "pishṭasvedam"—yâvatâ pâkena pishṭaṁ svidyate tathâ "svedayitvâ sarshapatailenâbhyajya"—"xureṇa"—ayomayena tasya hṛidayavyatiriktâny angâni—"avadâya"—vibhajyâkhaṇḍayitvâ—"pra mandine"—iti—"etena"—angâni—"agnau ju-

[1] c¹ uttaratrâpi. [2] c³ kṛishṇâyasanirmitâm. [3] c² taidhana°.
[4] c² evâgrapu°. [5] c³ omits iha—khalu. [6] S. V. i. 4, 2, 4, 11.

huyât" | huta-"çesham" hṛidayam aṅgaṁ "svayaṁ prâçnîyât" | "itarathâbhâve"—çeshabhaxaṇâkaraṇe—"mriyeta"—svayam eva mṛito bhavet | ata avaçyaṁ hṛidayam aṅgaṁ bhaxayed ity arthaḥ | evaṁ kṛite 'guṇî bhâsya bhavati' ity anushajyata ity evam ekapurushâvartanaprayoga uktaḥ | athânekapurushâvartanaprayogâ ucyante—

5. अथ यः कामयेतावर्तयेयमित्येकरात्रं क्षुरसंयुक्तस्तिष्ठेत्सुतासो मधुमत्तमा[1] इति वर्गं एतेषामेकमनेकं वा सर्वाणि वा प्रयुञ्जान एकरात्रेण कुटुम्बिनमावर्तयति ।

ukto 'thaçabdaḥ | "yaḥ"—pumân vaxyamâṇaṁ "kuṭumbinam" ityâdinoktaṁ bahupurushâtmakasâdhyam "âvartayeyam" vaçîkuryâm iti "kâmayeta" sa "ekarâtram" evâhaḥsaṁpûrtiparyantam[2]—"xurasaṁyuktaḥ"—xuraṁ dhârayan—"tishṭhet"—utthâya vaset | tasya japâya "sutâso madhumattamâ iti vargaḥ"—sâmasamûho bhavet | "eteshâm"—tadvargasthânâṁ sâmnâṁ madhya icchayâ—"ekaṁ" sâma—"anekaṁ vâ" trîṇi vâthavâ "sarvâṇi vâ prayuñjânaḥ"—"ekarâtreṇa" uktenaikarâtraniyamena—"kuṭumbinam"—bahukuṭumbasaṁyuktaṁ purusham—"âvartayati"—vaçîkaroti | athoktaprayogasyaiva vṛittiviçesheṇaiva râjopajîvanâdivaçîkaraṇam âha—

6. द्विरात्रेण राजोपजीविनं त्रिरात्रेण राजानं चतूरात्रेण ग्रामं पञ्चरात्रेण नगरं षड्रात्रेण जनपदं सप्तरात्रेणासुररक्षांस्यष्टरात्रेण पितृपिशाचान्नवरात्रेण गन्धर्वाप्सरसो ऽर्धमासेन वैश्रवणं मासेनेन्द्रं चतुर्भिः प्रजापतिं संवत्सरेण यत्किंच जगत्सर्वं हास्य गुणीभवति गुणीभवति ।

nigadasiddho 'yam |

iti çrîsâyaṇâcâryaviracite mâdhavîye vedârthaprakâçe sâmavidhânâkhye brâhmaṇe dvitîyâdhyâye pañcamaḥ khaṇḍaḥ |

[1] S.V. I. 6, 2, 1, 3 = Gr. G. G. xvi. 1, 16–20. [2] C[a] ekâhaḥsaṁpûrtiparyantam.

II. 6. Atha saubhâgyakâmânâṁ prayogam âha—

1. अथातः सौभाग्यानां यदिन्द्रो अनयदुच्छा ते जातमन्धस[1] इति नवमदशमे एतेषामेकमनेकं वा सर्वाणि वा प्रयुञ्जानः सुभगो भवति ।

athaçabdo 'dhikaraṇârthe | vaxyamâṇaprayogeshu saubhâgyakâminâm adhikâraḥ | subhago bhajate bhajanîyaṁ su çobhanaç câsau saubhagaç ca subhagas tasya bhâvaḥ saubhâgyam | yoshidâdibhir[2] bhajanîyatvaṁ kâmayamânânâm ity arthaḥ | teshâm—"atha"—yataḥ prayogânabhidhâne na vaxyamâṇaphalâvâptiḥ—"ataḥ"—teshâṁ prayogâ vaxyanta iti çeshaḥ | "yad indro 'nayat"—ity ekaṁ sâma | "ucchâ te"—ity asya "navamadaçame" dve | evaṁ trayâṇâm "eteshâṁ" madhye icchayâ—"ekam anekaṁ vâ"—dve vety arthaḥ | "sarvâṇi vâ" trîṇi vâ sadâ "prayuñjânaḥ" "subhago bhavati" iti | atha tatraiva prayogântaram âha—

2. द्वन्द्वाद्यायाः[4] सप्तमाष्टमाभ्यामिन्द्राणीं सदा तर्पयन्सुभगो भवति ।

"dvandvâdyâyâḥ"—dvandvasya parvaṇaḥ prâṇâpânamukhyasya yâ âdyâ daçasaṁkhyâ tasyâḥ saptamâshṭame 'hâ vindrâm' —'u vâ' (*Âr.G.* ii. 1, 7 and 8)—ity etâbhyâm indrasyolvajarâyubhyâm—"indrâṇîṁ sadâ tarpayan"—tryaham udakena tarpaṇaṁ kurvann eva—"subhago bhavati"—iti | atha tatraiva prayogântaram âha—

3. अपामार्गं दन्तधावनं घृतमधुलिप्तं भद्रो नो अग्निराहुत[5] इत्येतेनानिष्ठीवन्संवत्सरं भक्षयन्सुभगो भवति ।

dantadhâvanadantaçodhanasâdhanam apâmârgakâshṭhaṁ ghṛitena madhunâ ca liptam[6]—"bhadro naḥ"—ity etena sâmnâ—"anishṭhîvan"—nishṭhîvanam akurvan—"saṁvatsaram"—tatpûrtiparyantam—"bhaxayan"—pratidinaṁ dantâñ çodhayan "subhago bhavati" | atha tatraiva prayogântaram âha—

4. भद्रो न प्रिय[7] इत्येताभ्यामभ्यसन्सुभगो भवति ।

[1] *S.V.* i. 2, 2, 1, 4.
[2] c² sambṭha yoshidâ°.
[3] *S.V.* i. 2, 1, 2, 5.
[4] *The* द्वन्द्वपर्वन् *is the 2nd p. in the Âraṇyagâna.*
[5] *S.V.* i. 5, 2, 4, 1 = Gr. G. G. xii. 2, 1–13.
[6] c² lepitam.
[7] *S.V.* i. 5, 2, 2, 8 = Gr. G. G. i. 16–17.

"bhago na"—ity etâbhyâṁ caxuḥ pratidinam—"añjayan"—añjanaṁ kurvan "subhago bhavati" | atha prayogântaram âha—

5. एमिमिन्द्रेति[1] स्वं प्रयुञ्जानः सर्वजनस्य प्रियो भवति ।

—suvyaktam etat | atha prayogântaram—

6. यदि मिया द्विषः कविरित्येते यां कामयेत तां श्रावयेत्सा वशा भवति ।

uktasâmanî "yâm" mama vaçisyâd iti "kâmayet tâṁ çrâvayet" tadaiva sâ vaçâ bhavati | atha prayogântaram—

7. अथ यास्य न गुणीस्यात्तां ब्रूयादाचामेतीन्द्रो विश्वस्य राजती-[2]त्येताभ्यामाचामेत् ।

athaçabdaḥ prayogântaradyotanârthaḥ | "yâ"—nârî—"asya" purushasya—"na guṇî-"—avaçâ syât—"tâṁ brûyât" kim iti mâm—"âcâma"—iti âcâmayeti | mâm udakaṁ pâyayety arthaḥ | sâ yad âdiçati pânîyaṁ tad uktâbhyâṁ sâmabhyâm "âcâmet" | evaṁ kṛite sâ guṇîbhavati | atraiva prayogântaram—

8. पदपांसून्वास्या अग्नौ जुहुयादेते पन्था अधो दिव[3] इति

atroktaprayogâpexayâ vâçabdo vikalpârthaḥ | "asyâḥ" striyâḥ "padapâṁsûn"—"eto panthâ adho divaḥ"—ity etena sâmnâ "agnau juhuyât"—çatakṛitvo daçâvaram iti | atha pûrvoktavishaye svayamâgamanaphalaprayogam âha—

9. तैलं वैणां याचयित्वा पाणी परिमृज्याग्नौ प्रतापयेदङ्गम वा यानि वीतय[4] इति द्वितीयेन नाभागतायां विरमेत् ।[6]

atha tatraiva prayogântaram âha | "tailaṁ vainâṁ yâcayitvâ"

[1] S.V. i. 4, 2, 1, 3 = Gr. G. G. ix. 1, 24-27.

[2] S.V. i. 5, 2, 4, 10 = Gr. G. G. xiii. 1, 37 and 38.

[3] S.V. i. 5, 2, 2, 10 = Gr. G. G. xii. 1, 25 and 26.

[4] S.V. i. 2, 2, 3, 6.

[5] S.V. i. 1, 1, 1, which gives rise to ii. 1, 1, 4, 1-3.

[6] The c. on this in c[3] is as follows: "enâm"— striyaṁ paroxaṁ vâ "tailaṁ yâcayitvâ" tayâ dattena tailena—"pâṇî"—svîyau—"parimṛidnan"—parimṛidya tau pâṇî "agnau pratâpayet"—anena sâmnâ | "andgatâyâm na viramet"—tasyâ yâvadâgamanaṁ pratâpayed iti |

—yâ na guṇîprâkṛitâ—"enâm" | pûrvaprayogadvayâpexayâ vikalpârtho vâçabdaḥ | tilabhavaṁ "tailam—" dehity "enâṁ yâcayitvâ"—tena tailena—"pâṇi"—karataladvayaṁ soparibhâgam—"parimṛidnan"—parimardanaṁ kurvan—"agnau pratâpayet"—pâṇî | "agna â yâhi vîtaye"—iti vargatraye "dvitîyena" sâmnâ—guṇibhavatîti çeshaḥ | kiṁ guṇibhûya—anâgatâyâm api pâṇyoḥ pratâpanaṁ kartavyaṁ na veti saṁçaya âha—"nânâgatâyaṁ viramet"—iti | ekavâram anekavâraṁ pâṇyoḥ parimṛidya tâpane 'pi yady anâgatâ tadâ nâgacchatîti buddhyâ na viramed yâvadâgamanaṁ kuryâd ity arthaḥ | tatra caturthaprakârasyoktaprayogatrayâpexayâbhâvâd avaçyaṁ vaçîbhavaty eva bhâvaḥ | atha yâṁ yâṁ kâmayate tasyâs tasyâ vaçîkaraṇaprayogam âha—

10. गोजरायुकमहस्तस्पृष्टं शोषयित्वा प्रियङ्गुकां यवां सहदेवामपामार्गं भूमिपाशकां सपाङ्गुलीमथपुष्पीमित्येता उत्थाय तद्दहश्चूर्णानि कारयेदा नो विश्वान् हव्यमित्येतेन त्रिः संपातांश्चूर्णानि कृत्वाग्न आयाहि वीतय[2] इत्येतेन रहस्येनाद्भिः संयूय तानि नाशुचिः पश्येन्नोपस्पृशेत् तदनुलेपनं नियाशुचिस्तो यां यामुपस्पृशेत् सा हैनं कामयते गम्यां नाकामात् उपस्पृशेत्।[3]

"gojarâyukam"—jarâyur garbhaparivesh̩ṭanaṁ tatra vidyamânaṁ vaṭsâdikaṁ saha garbhaparivesh̩ṭanena | "ahastaspṛishṭam"—hastasparçaṁ vinâ—"çoshayitvâ"—agnau pratâpanenâtapena vâ çushkaṁ kṛitvâ—"priyaṅgukâm"—phalavatîm | priyaṅgus

[1] S.V. i. 3, 2, 3, 7. [2] S.V. i. 1, 1, 1, 1.

[3] *The c. on this in c³ is as follows:* "gojarâyukamityâdi—enaṁ kâmayate"—ittham ekaḥ prayogaḥ | "gojarâyukam"—ulvaṁ jarâyu ubhe garbhaveshṭane | tayor ulvena saha jâyate garbhaḥ | jarâyuḥ paçcât patati | gojarâyukam iti svârthe kapratyayaḥ | tad gṛihitvâ—"ahastaspṛishṭam"—kenacit pâtreṇa gṛihîtam—"çoshayitvâ"—tena sârdhaṁ anhaushadhîr utthâpya taddivase cûrṇâni kârayitvâ kasmiṁçcit pâtre nidhâya—"â no viçvâsu havyam"—ity "etena" tisra âhutir agnau hutvâ tâsâm âhutînâṁ "saṁpâtâṁç cûrṇeshu kṛitvâ" tataḥ—"agna â yâhi vîtaye"—iti "rahasyena" tâni cûrṇâni—"adbhiḥ saṁyûya" saṁmiçrya sthâpayet pâtre | "tâni nâçuciḥ" san—"upaspṛiçet" nâçucir upaspṛiçet tâni | "tad" "asya anulepanam" bhavati | atraiva kaṁcid niyamam âha—"gamyâṁ nânânâm upaspṛiçet" | agamyâm anâṁ na upaspṛiçet | snâta eva tenânuvilipya gâtrâṇi gamanârthaṁ spṛiçed iti |

tattaṇḍulân saha dravyaviçeshaḥ | "sahadevâm adhyaṇḍâm"—aṇḍe vidyamânâṁ sahâṇḍâm ity arthaḥ | "bhûmipâçakâṁ saçâṅkâcakapushpim"—ity etâni "utthâpya" sampâdya—"tadahaḥ"—yasmin dine prayogas tasmin—"cûrṇâni"—pṛithak pṛithak "kârayet" | "â no viçvâsu havyam"—iti "etena" sâmnâ vargatrayasthenaikena vâ tribhir vâ prathamena vâ viçeshânirdeçât—"triḥ"—trivâram—"sampâtân"—daxiṇena pâṇinâ piḍitâni teshu cûrṇeshu "kṛitvâ"—"agna â yâhi vîtaye"—iti—"priya ho i—iti "rahasyena" sâmnâ—"adbhiḥ" sarvâṇy api saṁyutâni kṛitvâ melayitvâ "tâni nâçuciḥ paçyed vopaspṛiçed vâ" | spṛishṭam "tad anulepanam"—kuryâd iti çeshaḥ | "tenânulipto yâṁ yâm"—svakâmanâvishayâm—"upaspṛiçate"—spṛiçati—"sâ mainam" evaṁ spṛiçantaṁ "kâmayate" | "gamyâṁ nâsnâta upaspṛiçet"—spashṭam | atha veçyânâṁ pravrajitânâṁ ca vaçîkaraṇaprayogam âha—

11. उत्पले बुद्धे प्रियङ्गुका आवपेद्यदा पर्णानि संहरेदथैनमुत्थाप्य चतु-
रङ्गुलमुभयतः परिच्छिद्य मध्यममुद्धरेत्तदनुलेपनं तेनानुलिम्पेदात्मानं च लि-
ङ्गं च 'नि त्वा नक्ष्य विश्पते'¹ इत्येतेनाक्तं वेश्याः प्रव्रजिताश्च भवन्ति ।

"utpale"—kamale—"buddhe"—vikasite tasya karṇikâyâm—"priyaṅgukâḥ"—priyaṅguvîjâni—"âvaped yadâ" tadutpalasya—"parṇâni saṁharet"—saṁkocayet | "athainam"—utpalam—"utthâpya" parṇavidalanaṁ kṛitvâ tasya—"ubhayataḥ" mûla agre ca "caturaṅgulaṁ paricchidya"—"madhyamam"—karṇikâpradeçam "uddharet" | "tat" tasya—"anulepanam" kartavyam | "tena" dravyeṇa—"ni tvâ naxya"—ity "etena" âtmânam "anulimpet" | saḥ—"svâñçam"—nikṛishṭam aṅgaṁ liṅgaṁ cânulimpet | evaṁ kṛite kâmitâḥ—"veçasthâḥ"—veçyâḥ—"pravrajitâḥ"—patikulân nirgatâḥ svairacâriṇyaç ca vaçyâ bhavanti | atha kanyâṁ vivoḍhuṁ kâmayituḥ prayogam âha—

12. कन्यामनवद्यां एकरात्रोपोषितो मापाकायां भित्ति चतुष्पथ एकतु
प्रयाति स² इत्येतेनाभिविधैभिरभिषिक्ता प्रदीयते ।

¹ S. V. i. 1, 1, 2, 6. ² S. V. i. 1, 1, 1, 7.

"kanyâpravahaṇe" svakanyâyâ anyasmai vivâhe kartavye svayam "ekarâtram uposhitaḥ" san—"amâvâsyâyâṁ niçi catushpathe 'ehy û shu'—ity etena" tâm "abhishiñcet"[1] | "trirabhishiktâ"—amâvâsyâtraya ekasyâṁ vâmâvâsyâyâṁ trirabhishiktâ sati svamatâya varâya "pradîyate" | atha kanyâlâbhârthaprayogam âha—

13. आ ते वत्स[2] इति पुंसः ।

kanyâṁ kâmayituḥ[3] "puṁsaḥ" purushasya ekarâtropavâsâdyabhishekântaṁ pûrvavat | "ehy û shu"—ity etasya sthâne—"â te vatsaḥ"—iti çeshaḥ | atha bhrâtṛivyasya svasthânâd uccâṭanârthaṁ prayogaḥ—

14. त्रिरात्रोपोषितः कृष्णचतुर्दश्यां दह्यमानाच्छवादङ्गारमाहृत्य चतुष्पथे बाधकमिध्ममुपसमाधाय मत्स्यं कृकरमित्येतौ जुहुयादग्ने मृड महाँ असीति[4] पूर्वेणाग्निर्वृत्राणीति[5] द्वितीयामाहुती कोशे कृत्वा हरितालेन गोहृदयशोणितेन चोत्तरेण संनयेत् तथाकृतेन भस्मना यं द्विष्यात्तस्य शय्यामवकिरेदगारं च भस्मना भिद्यमाने वसति ।

âdau sâdhakaḥ "trirâtroposhitaḥ" san tadante "kṛishṇacaturdaçyâm" dahyamânât—"çavâd aṅgâram âhṛitya catushpathe"—tam "upasamâdhâya" | "bâdhakam"—rogapîḍitaṁ caturaṅgulâyâmam[7] "idhmam" âdhâya—"matsyaṁ kṛikaram" paxiviçesham "ity etau" dvau—"agne mṛiḍa"—iti "pûrveṇa" matsyaṁ juhuyât—"agnir vṛitrâṇi"—iti dvitîyâṁ kṛikarâhutiṁ juhuyât | tataḥ—"te âhutî"—matsyakṛikarau dagdhau[8]—"koçe"—samudge "kṛitvâ" cûrṇikṛitau "haritâlena" cûrṇamiçritena "gohṛidayaçoṇitena ca" saha "uttareṇa"—'agnir vṛitrâṇi'—ity etena—"saṁnayet"—saṁgamayet | tathâkṛitena "bhasmanâ yaṁ dvishyât" tasya "çayyâm"—"agâram"—tadgṛi-

[1] c[3] evaṁ sâbhishiktâ guṇavitâya varâya pradîyate. [2] S. V. I. 1, 1, 1, 8.
[3] c[3] kanyâkâmituḥ. [4] S. V. I. 1, 1, 3, 2. [5] S. V. I. 1, 1, 1, 4.
[6] S. V. I. 2, 1, 2, 1 (= Gr. G. G. iii. 1, 26, 27).
[7] c[3] caturaṅguladârumayam. [8] c[3] for dagdhau has agneḥ.

haṁ ca "pramaṁhiahṭhîyena" sâmnâ "avakiret" | evaṁ ca saty asya dvesbṭâ "naikagrâme vasati" kiṁtu sthânabhrashṭo bhûtvâ deçântaraṁ prâpnotîty arthaḥ | atha yaçaskâmasya prayogam âha—

15. अथातो यशस्कामानां त्वमिन्द्र यशा असि' यशो हर्यतो हरिर्वा' इत्येतेषामेकमनेकं वा सर्वाणि वा प्रयुञ्जानो यशस्वी भवति।

uktâu "athâtaḥ"-çabdau | prayoga ucyata iti çeshâḥ | çishṭaṁ spashṭam | atha tatraiva prayogântaraṁ—

16. प्रियङ्गुका वा पुष्येणाभिजुहुयाद्यशो मेति' तदनुलेपनं तेनानुलिम्पेत्संवत्सरं यशस्वी भवति यशस्वी भवति।

"vâ"-çabdaḥ prayogântaradyotanârthaḥ | "priyaṅgukâ" priyaṅguvîjâni "pushyeṇa"—naxatrayukte candramasi "yaço mâ" —iti "abhijuhuyât" | priyaṅgukâpishṭam[5] eva—"anulepanam" bhavatîti "tena" saṁvatsaraparyantaṁ pratidinam "anuliṁpet" | evaṁ kṛite "yaçasvî bhavati" |

iti çrîsâyaṇâcâryaviracite mâdhavîye vedârthaprakâçe sâmavidhânâkhye brâhmaṇe dvitîyâdhyâye shashṭhaḥ khaṇḍaḥ |

II. 7. Brahmavarcasakâmasya prayogaḥ—

1. अथातो ब्रह्मवर्चसकामानां रथन्तरं वामदेव्यं मौक्षं क्रौतं महानाम्न्यो यज्ञायज्ञीयमित्येतेषामेकमनेकं वा सर्वाणि वा प्रयुञ्जानो ब्रह्मवर्चसी भवति।

"atha"-çabdo 'dhikâre | "ataḥ"-çabdo hetuvacanaḥ | yato brahmavarcasârthinâṁ prayogânabhidhâne na tadavâptir ato "brahmavarcasyânâm" çrutâdhyayanajaṁ tejaḥ tatkâminâṁ prayogâ ucyanta iti çeshaḥ | çishṭaṁ nigadasiddham | atha brahmavarcasasya çraddhâyâç cobhayakâmaprayogam âha—

[1] S.V. I. 3, 2, 1, 6. [2] S.V. I. 6, 2, 3, 11. [3] Not in VV. SS. Â. S. iii. 10.
[4] Â. S. iii. 10. [5] c^d has priyaṅgu°.
[6] These names occur repeatedly in the gânas; which verses are here intended, it is impossible to say.

2. वचामिश्रीति[1] द्विकं प्रयुञ्जानो ब्रह्मवर्चसी भवति एका वाचा भवति ।

nigadasiddham etat | atha tatraiva prayogântaram—

3. अगन्म त[2] इति षड्वर्गं प्रयुञ्जानो ब्रह्मवर्चसी भवति ।

yady apy atra chandogâḥ pañcavargam evâdhîyante tathâpi—"shaḍvargam"—ity etad brâhmaṇabalâc châkhântaragatashaḍvargo vâ gṛihîtavyaḥ | atha çrutasyâbhidhânasâmarthyaprayogântaram[3] âha—

4. अष्टरात्रोपोषितो ब्राह्मीमुत्थाप्य प्रजापतेर्हृदयेनाभिगीय सहस्रकृत्वः प्राश्नीयाच्छ्रुतनिगादी भवति ।

ashṭarâtropavâsânantaram—"brâhmîm utthâpya"—sampâdyoktena sâmnâ sahasravâram "abhigîya prâçnîyât" | sakṛicchrutasya çabdasamûhasya[5] nigadanasâmarthyaṁ çrutanigâditvam | tatraiva[6] prayogântaram—

5. पुष्पाणि वास्या उदकेन संवत्सरं यावकेन[7] प्राश्नीयाच्छ्रुतनिगादी भवति ।

atra "vâ"-çabdaḥ prayogântaradyotanârthaḥ | "asyâḥ" brâhmyâḥ "pushpâṇi vâ" udakena pishṭvâ saṁvatsaraparyantam "yavena prâçnîyât" pratidinam | tathâ kṛite "çrutanigâdî bhavati" | atha prayogântaram—

6. मासं सोमभक्षः स्यात्सहस्रानिमन्त्रुतर्मिश्चितेन श्रुतनिगादी भवति ।

spashṭo 'rthaḥ | tatraiva prayogântaram—

7. सदा चैतत्प्रयुञ्जीत श्रुतनिगादी भवति ।

pûrvatra[9] mâsaniyamaḥ | atra tûktaphalasyâtiçayâya[10] "sadâ

[1] S.V. I. 3, 2, 4, 8 = Gr. G. G. vii. 2, 28, 29.
[2] S.V. I. 4, 1, 3, 5 = Gr. G. G. viii. 2, 7–11.
[3] c[2] sakṛicchrutasyâbhidhânasâmarthyam. [4] Âr. G. iii. 8, 8 (not in VV. 88.).
[5] c[2] sakṛicchrutaçabda°. [6] c[2] atha tatraiva.
[7] R. G. pr. I. 11 (= ll. 8, 2, 11, 1–3), and Âr. G. p. ii. 4, 1 (= I. 8, 1, 1, 5).
[8] S.V. I. 2, 2, 8, 7. [9] c[2] pûrvârtha. [10] c[2] atra tu tatphala°.

vaitat prayuñjîta" | atha putrâdînâm̐ bâlye prayoktavyam̐ pûrvoktam̐ prayogam âha—

8. भारद्वाजिकाया जिह्वामुत्थाप्य तदहश्चूर्णं कारयित्वा मधुसर्पिर्भ्यां संयूय प्रागन्नप्राशनात्कुमारं प्राशयेदिन्द्रमिद्गाथिनो बृहदित्येतेन श्रुतनिगादी भवति ।

bhâradvâjaḥ paxiviçeshaḥ strîjâtîyâyâs tasyâ—"jihvâm utthâpya"—ânîya "tadahaç cûrṇam̐ kârayitvâ" madhughṛitâbhyâm̐[2] miçrayitvâ "annaprâçanât" pûrvam—"indram id gâthino bṛihad ity etena" sâmnâ "kumâram̐ prâçayet" | tathâ sati sa "çrutanigâdî bhavati" | tatraiva prayogântaram—

9. हरिद्रायास्तुलावरार्ध्यं चूर्णयित्वैतेन कल्पेन संवत्सरं यण्वेन प्राश्नीयाच्छ्रुतनिगादी भवति ।

"haridrâyâs tulâvarârdhyam"—tulâvarârdhyâ tadanyûnam̐ tadadhikam̐ vâ—"cûrṇayitvâitena"—pûrvoktena 'madhusarpirbhyâm' ity anena "kalpena" sam̐vatsarakâlaparyantam 'indram id gâthinaḥ'—ity etasyâm eva—"yaṇvena"—râhasena "prâçnîyât" | kumâram̐ prâçayed ity arthaḥ | pûrvaprayoge grâme geyam—'indram id gâthinaḥ'—ity asyâm ity arthât sidhyati | uttaraprayoge "yaṇvena" iti vacanâd atra sam̐vatsarakâlavacanân nâtra prâgannaprâçananiyamaḥ shashṭha eva mâse 'nnaprâçanavidhânâd yad vâ prâçnîyâd iti vacanâd adhîtavedasya vâdhikâraḥ[3] | atha tatraiva prayogântaram |

10. वचामेतेन कल्पेन वाचो व्रतेन[4] पूर्वेण प्राश्नीयाच्छ्रुतनिगादी भवति ।

haridrâyâḥ sthâne "vacâm" | yaṇvasthâne pûrvam—"vâco vratam"—"huve vacâm" ity etat | çishṭam̐ pûrvavat[5] |

[1] S.V. i. 2, 1, 1, 5. [2] c[1] madhusarpirbhyâm̐.

[3] c[3] has for C. on this section haridrâyâs tulâvarârdhaprabhṛiti yâvac chakyam̐ cûrṇayitvâitenaiva kalpenety uktavân madhvâjyâbhyâm sam̐yuktam̐ sam̐vatsaraparyantam̐ pratidinam̐ yaṇvena prâçnîyâc chrutanigâdî bhavati |

[4] Âr. G. p. iii. 1, 1 and 2 (not in S.V.).

[5] c[3] has for C. on this section only spashṭo 'rthaḥ.

atha prayogântaram—

11. मत्स्याचकद्रुपुष्पीवचारविंदीघृतानि बार्हद्गिरेणाभिजुहुयात्स-हस्रकृत्वः शतावरमेतेनैव प्राश्नीयाच्छ्रुतनिगादी भवति ।

uktadravyâṇi miçrikṛitya—'indro madâya' iti "bârhadgireṇa" "sahasrakṛitvaḥ çatâvaram" hutvâ hutaçesham "etenaiva" bârhadgireṇa "prâçnîyâc chrutanigâdî bhavati"[1] |

atha vâdakathâsu çreyastvasya prâptyartham prayogam âha[3]—

12. वचायास्त्रिवृतं कारयेन्मणिमग्निं प्रतिष्ठाप्यावृता हुत्वा मणिं निधाय वाचोव्रतेनोत्तरेणाभिजुहुयात्सहस्रकृत्वः शतावरं तं मणिं कण्ठेन शिरसा वा धारयन्कथासु श्रेयान्भवति ।

"vacâyâs trivṛitam"—triparvâṇam vacâdravyeṇa "kârayen maṇim agnim pratishṭhâpyâvṛitâ" pâkayajñaprakâreṇa "hutvâ" vyâhṛitihomaparyantam kṛitvâ "maṇim" agneḥ paççâddeçe "nidhâya"—"vâcovratenottareṇa"—'huvâ i vâcâm'—ity anena mantreṇâjyam agnau—"abhijuhuyât sahasrakṛitvaḥ"—paramâvadhi—"çatâvaram"—çatakṛitvo 'varâvadhi | tadoktavârahomeshu hutaçishṭasruvalagnam sampâtena maṇau juhuyât pratihomavâram "tam maṇim kaṇṭhena çirasâ vâ dhârayan" vâdakathâsu pravartate | tathâ sati "çreyân" vâdakathâsu çreshṭho bhavati vâdino vijayata ity arthaḥ[5] | atha parishâdisabhâyâm vidvatsabhâyâm râjasambhâshe cottaram vaktum sâmarthyaprayogam[6] âha—

13. वचां वधुकमित्येते चाक्षे ·वधायायां फेनैर्नवैतत्पनसाद्गुत्वानि स्नातकारेण निर्णीय राजन्यानभ्रमराजकस्यमसीनुत्का विवदेत्परिषदि ·राजनि चोत्तरवादी भवत्युत्तरवादी भवति ।

[1] Âr. G. p. ii. 4, 6 (= S. V. I. 4, 1, 1, 2); *and also in the* Gr. G. G.

[2] c[3] *omits this s.*   [3] c[3] atha vâdakathâsu adhikavâditvaprayogam âha.   [4] v. l.

[5] *The c. on this section is in* c[3]—vacâyâ mûlam âhṛitya trivṛitam maṇim kârayet | tam maṇim pâtre nidhâyâgnim pratishṭhâpyâvṛitâ purastât tantram kṛitvâ vâcovratenottareṇa sahasrakṛitvaḥ çatâvaram hutvâ sampâtena maṇâv abhijuhuyât | tam hutam maṇim kaṇṭhena çirasâ vâ dhârayan kathâsu çreyân adhikavâdî bhavati |

[6] c[3] abhayavijayahetuprayogam.   [7] S. V. i. 3, 1, 2, 8

"vacâm̐ madhukam ity ete âsye 'vadhâya"—sthâpayitvâ—"apâm̐ phenena"—ity etat sâma—"manasânudrutya"—uccârya mantrânte sâmânte[1] jayaspardhaḥ[2] "svâhâkâreṇa nigîrya"—"râjanvân aham arâjakas tvam asi"—iti vâdinam̐ praty uktvâ—"vivaded"—vivâdam̐[3] kuryât | tathâ sati sa vaktâ[4]—"parishadi"—vidvatsabhâyâm[5]—"râjani ca"—râjânam̐ praty api[6]—"uttaravâdî"—uttaram̐ vaktum̐ samartho "bhavati" | vijayî vâde laukike vaidike vâ vivâde bhavatîti | dviruktir adhikârasamâptyarthaḥ[7] |

iti çrîsâyaṇâcâryaviracite mâdhavîye vedârthaprakâçe sâmavidhânâkhye brâhmaṇe dvitîyâdhyâye saptamaḥ khaṇḍaḥ.

II. 8. Atra putrakâmasya[8] prayogam âha—

1. अथातः पुत्रीयाणां नि त्वा नक्ष्य[9] नि त्वामग्ने[10] आ नो रयिं[11] अयमग्निः सुवीर्यस्य[12] अग्ने परेषु[13] न हि पस्पशं च न[14] सोमः पवते जनिता मतीनामिति[15] सर्वाश्चय त्वं[16] निचयन्तारमन्तर् आहुतिवर्मो[17] अरूरुचदिति[18] एकं वैतेषामेकमेकं वा सर्वाणि वा प्रयुञ्जानः सुरूपान्दीर्घायुषः पुत्राँल्लभते ।

"atha"—anantaram̐ yataḥ putrârthinâm̐ prayogânabhidhâne putralâbhaḥ—"ataḥ putrîyâṇâm"—putralâbhahînânâm adhyayanânâm̐ prayogâ ucyanta iti çeshaḥ | "ni tvâ naxya"—ity ârabhya "arûrucat"—ityantânâm̐ sâmnâm—"ekam̐ vâ sarvâṇi vâ prayuñjânaḥ surûpân dîrghâyushaḥ putrâl̐ labhate"—iti[19] | atraiva prayogântaram—

[1] and [2] *are omitted in c*[1]. [3] c[1] çatena saha vivâdam̐. [4] c *omits* tathâ—vaktâ.
[5] *omitted in c*[2]. [6] c[2] *omits* râjâ'—api.
[7] c[2] *has for* uttaram̐ vaktum̐ . . . , samâptyarthaḥ—*only* uttaravâdîti.
[8] c[2] putrârthinâm̐. [9] *S.V.* I. 1, 1, 3, 6. [10] *S.V.* I. 1, 1, 5, 10. [11] *S.V.* I. 1, 2, 1, 4.
[12] *S.V.* I. 1, 2, 1, 6. [13] *S.V.* I. 1, 2, 4, 10. [14] *S.V.* I. 2, 1, 5, 9. [15] *S.V.* I, 6, 1, 4, 5.
[16] *S.V.* I. 2, 1, 1, 9. [17] *Verses in the Âr. and* R. G. G.
[18] *S.V.* II. 2, 2, 16, 3 (*and* Â.S. ii. 3).
[19] *The c. on the preceding section is in c*[2] *as follows:* "atha"-çabdo 'dhikârârthaḥ | atha putrârthinâm prayogâpexayâ—"ataḥ putrîyâṇâm"—putrârthinâm prayogâ ucyanta iti çeshaḥ | "ni tvâ naxya"—ityâdînâm.

3. रोहिण्यां वा रोहिण्या गोः सरूपवत्सायाः पयसि रक्तशालीनां स्थालीपाकं श्रपयित्वा परमेष्ठिनः प्राजापत्यस्य व्रतेनाभिजुहुयात्सहस्रकृत्वः शतावरमेतेनैवाभिगीयोद्धृत्य सभार्यः प्राश्नीयात्सुरूपान्दीर्घायुषः पुत्राँल्लभते ।

"rohiṇyâm"—naxatre | "rohiṇyâḥ"—rohitavarṇâyâ "goḥ" rohitavarṇavatsâyâ eva "sarûpavatsâyâḥ payasi raktaçâlînâm" taṇḍulaiḥ "sthâlîpâkaṁ çrapayitvâ parameshṭhinaḥ prâjâpatyasya vratena"—'â no mayi varcaḥ'—iti sâmnâ "abhijuhuyât sahasrakṛitvaḥ çatâvaram etenaiva" sâmnâ "abhigîyoddhṛitya sabhâryaḥ prâçnîyât" | 'surûpân' ityâdi vyâkhyâtam[2] | tatraiva prayogântaram—

2. कृष्णाया गोः सरूपवत्सायाः पयसि कृष्णषष्टिकानां स्थालीपाकं श्रपयित्वा कृष्णपक्षस्यामुदिते सोमे त्वमिमा ओषधीरित्येतेनाभिजुहुयात्सहस्रकृत्वः शतावरमेतेनैवाभिगीयोद्धृत्य सभार्यः प्राश्नीयात्सुरूपान्दीर्घायुषः पुत्राँल्लभते ।

pûrvavad vyâkhyeyam | "kṛishṇashashṭikânâm"—kṛishṇavarṇânâṁ shashṭidivasaphalitânâṁ vrîhîṇâṁ taṇḍulair ity arthaḥ | atha tatraiva prayogântaram—

4. कौम्भ्यं घृतं पुरुषव्रतेनाभिजुहुयादनुगानशस्तत्तेनैव सह प्राश्नीयात्सुरूपान्दीर्घायुषः पुत्राँल्लभते ।

"kaumbhyam"—kuṁbhe pûritam "ghṛitam" agnisamîpe nidhâya "purushavratena" sâmnâ sahasrakṛitvaḥ çatâvaram âjyena "anugânaçaḥ" pañcânâṁ sâmnâm ante pratyekaṁ svâhâkâreṇa[5] hutvâ tadâ kuṁbhoparisaṁpâtena "abhijuhuyât" | tatas tenaiva sâmnoktasaṅkhyayâ tad âjyam anu gîtvâ tadanugî-

[1] Âr. G. p. iii. 1, 6 (*not in the VV. SS.*).

[2] c² surûpân dîrghâyusho putrân labhate.

[3] Âr. S. iii. 3.

[4] Âr. G. p. iii. 6, 1–5 (= Âr. S. iv. 3–5 *not in the VV. SS.*).

[5] c² *omits* anugânaçaḥ . . . svâhâkâreṇa.

tam âjyaṁ pratidinam "uttareṇa" purushavratena kiṁcit kiṁcit prâçnîyât | evaṁ saty uktaguṇân putrâl labhate |

atha bahvanucarakâmasya prayogaḥ[1]—

5. उडङ्गवानां यो ऽग्रे स्तम्बस्तं गृहीत्वा तदहस्त्रिवृतं कारयेन्मणिमग्निं प्रतिष्ठाप्याघृता अक्ता मणिं निधायोपातिष्ठेतान्नस्य' इति तृतीयेनाभिजु-हुयात्सहस्रकृत्वः प्रतावरं तं मणिं कण्ठेन शिरसा वा धारयन्धनानुचरो भवति धनानुचरो भवति।

"uḍaṅgavâḥ"—dhânyaviçeshâs teshâṁ phalitânâṁ madhye "yaḥ" stambo 'gre[3]—"taṁ gṛihîtvâ tadahaḥ"—stambagrahaṇadivasa eva taddhânyâni pishṭvâ—"trivṛitam"—triparvâṇaṁ maṇiṁ kârayet | agniṁ pratishṭhâpyetyâdi prasiddham |

iti sâyaṇâcâryaviracite mâdhavîye vedârthaprakâçe sâmavidhânâkhye brâhmaṇe dvitîyâdhyâye 'shṭamaḥ khaṇḍaḥ |

vedârthasya prakâçena tamo hârdhaṁ nivârayan |
pumarthâṁç caturo deyâd vidyâtîrthamaheçvaraḥ ||

iti çrîmadrâjâdhirâjaparameçvaravaidikamârgapravartakaçrîvîrabukkabhûpâlasâmrâjyadhurandhareṇa sâyaṇâcâryeṇa viracite mâdhavîye vedârthaprakâçe sâmavidhânâkhye tṛitîyabrâhmaṇe dvitîyo 'dhyâyaḥ[4] |

III. 1.

yasya niḥçvasitaṁ vedâ yo vedebhyo 'khilaṁ jagat |
nirmame tam ahaṁ vande vidyâtîrthamaheçvaram ||

atha dhânyalâbhajanyaiçvaryâdisâdhanân[5] prayogân vivaxur âdau pratijânîte—

1. अथातो धान्यानाम् ।

"atha"-çabdo 'dhikârântaradyotanârthaḥ | "ataḥ"-çabdo hetuva-

[1] a[3] prayogam âha. [2] *S. V.* I. 8, 2, 4, 1 (= Gr. G. G. xii. 2, 1–18).

[3] c[3] *has* prasṛitam agre yad gacchet, *for* yaḥ stambo 'gre.

[4] *In the MSS. of the text these chapters are called* prapâṭhaka.

[5] c[3] athâto dhânyalâbhajanyavṛîbyâdidhanaprayogân.

canaḥ | yataḥ[1] prayogânabhidhâne vaxyamâṇadhânyâdyasiddhiḥ[2] —"ato dhânyânâm"—dhânyaphalasâdhakânâṁ prayogâ ucyante iti çeshaḥ | atha çrisâdhanasya prayogam âha—

2. शुक्लवाससा प्रयोगः स्नानमवलेखनमनिष्ठीवनं[3] सदा चाञ्जनं सत्यवचनं सुमनसां धारणं केशश्मश्रुलोमनखानां तु नान्यत्र व्रतात्काले दारानेवोपेयात् एवंव्रतो यदुदीरत[4] इत्या हर्यतायेति[5] वर्गं[6] एतेषामेकमनेकं वा सर्वाणि वा प्रयुञ्जानः श्रीमान्यशस्वी पुष्टिमान्धन्यो भवति ।

"çuklavâsasâ"—çuklavâsayuktena[7] vaxyamâṇaḥ "prayogaḥ" kâryaḥ | prayogât pûrvaṁ çuddhyarthaṁ "snânam" kartavyam | "avalekhanam"—bhrûkhananâdikarma | avalekhanaçabdasya

'vakti bhâgurir allopam avâpyor upasargayoḥ' |

iti vacanâl lope valekhanam iti rûpam | nañsamâsa avalekhanam iti bhavati[8] bhûmyavalekhanaṁ na kartavyam iti[10] | "anishṭhîvanam"—vratakâle nishṭhîvanasyâkaraṇam | "sadâ câñjanam"—sarvadâñjanadhâraṇam | "satyavacanaṁ sumanasâm"—pushpâṇâṁ dhâraṇaṁ ca sarvadâ kâryam[11] | "keçaçmaçrulomanakhânâṁ tu nânyatra vratât"—vrate darçapûrṇamâsâdyaṅgatvena vihiteshu keçâdînâṁ na dhâraṇaṁ tatra vapanaṁ syâd eva | "kâle dârân eva"—bhâryâm eva—"upeyât"|anena nishiddhakâlo bhâryâvyatiriktapradeçaç cety ubhayatra nishiddhyate | "evaṁvrataḥ" san—"yad udîrata"—ity etat sâma—"â haryatâya" iti "vargaḥ" ca | "eteshâm" madhye "ekam anekam" dve trîṇi "sarvâṇi vâ prayuñjânaḥ çrîmân"—bahvaiçvaryayuktaḥ—"yaçasvî"—bahukîrtiḥ—"pushṭimân"—bahuposhaṇayuktaḥ—"dhanyaḥ"—dhanavâṁç ca bhavati | nanu dhânyânâṁ prayoga ucyata iti pratijñâtam | atra tu çrîphalam ucyate | ato viruddham iti | naisha doshaḥ | uktaphalânâm api dhânyasamṛiddhilabhyatvât | atha çrîsâdhanaprayogântaram âha—

[1] c³ *omits* yathâ. [2] c³ vaxyamâṇaphalânavâptiḥ. [3] D. *reads* °वलेखन°. [4] *S. V.* I. 6, 1, 3, 6. [5] *S. V.* I. 6, 2, 1, 7 (Gr. G. G. xvi. 1, 34–37. [6] D. वर्गं. [7] c³ çuklavastraya°. [8] c³ bhûshaṇâdi. [9] c³ *omits* rûpam—bhavati. [10] c³ *adds* arthaḥ. [11] c³ kartavyam.

3. गिर्वणः पाहि नः सुतमिति¹ चैतत्सदा प्रयुञ्जीत मयि श्रीरिति चास्य निधनं कुर्याच्छ्रीमान्भवति ।

"girvaṇaḥ"—iti "etat" sâma[2] "sadâ prayuñjita" | uktaniyamâpexaç "ca"-çabdaḥ | asya 'hariçrîḥ' iti nidhanasthâne 'mayi çrîḥ' iti "nidhanaṁ kuryât" | evaṁ kṛite—"çrîmân"—dhânyâdisamṛiddhimân bhavati | atha çrîkâmasya prayogântaram—

4. त्रींश्चोदकाञ्जलीन्सदाचामेदयं सहस्रमानव³ इत्येताभ्यां श्रीरिति चोत्तरस्य निधनं कुर्याच्छ्रीमान्भवति ।

"vâ-çabdo" vikalpârthaḥ | sa ca pûrvaprayogâpexaḥ | "trîn udakâñjalîn sadâcâmet"—pratidinaṁ pibet[4] | kenety ucyate—"ayaṁ sahasramânavaḥ"—ity etâbhyâṁ sâmabhyâm | vihitayoḥ—"uttarasya"—sâmno 'nte "çrîr iti nidhanaṁ kuryât" | "çrîmân bhavati" iti | athâlaxmînodanaprayogam âha—

5. सक्तुमन्थं दधिमधुघृतमिश्रमा त्वा विशन्त्विन्दव⁵ इत्येतेन संनयेदा मा विशन्त्विन्दवो न मामिन्द्राति रिच्यत⁶ इत्येतेन पिबेदलक्ष्मीं नुदते ।

"saktumantham" dadhidravyamiçrâḥ saktavaḥ | saktumayam | atra miçrâṇi dadhimadhudravyâṇi—"â tvâ viçantu" ity etena—"saṁnayet"—saṁyojayet | saṁyojanamantram eva—"â mâ viçantv indavaḥ samudram iva sindhavaḥ na mâm indrâtiricyate"[7] ity ûhitvâ "etena" mantreṇa taṁ miçritamantham "pibet" | evaṁ kurvann "alaxmîṁ nudate"—bahulaxmîko bhavatî 'ty arthaḥ | tatraiva prayogântaram—

6. तिष्येण घृतं क्रीणीयात्तदाचामेत्सुषुमा यात⁸ इत्येतेन पिबेदलक्ष्मीं नुदते ।

"tishyeṇa" naxatreṇa yukte candramasi "ghṛitaṁ krîṇîyât" | tatra krîtaṁ ghṛitaṁ pâtre nidhâya pratidinam anena sâmnâ "pibet" | çishṭaṁ spashṭam | tatraiva prayogântaram—

[1] S.V. I. 3, 1, 1, 2 (Gr. G. G. v. 2, 21).
[2] c³ *omits* sâma.
[3] S.V. I. 6, 2, 3, 2 (Gr. G. G. xiii. 1, 28, 29).
[4] c³ *omits* pibet.
[5] S.V. I. 3, 1, 1, 4.
[6] *This v. is a modification of the last.*
[7] c³ *omits*—"â tvâ viçantv"—ity etena . . . . ricyate" |
[8] S.V. I. 2, 2, 6, 7.

7. गौरान्सर्षपान्पिष्ट्वा पूर्वं कारयित्वेन्द्रेहि मत्स्यन्धस[1] इत्येतेन संयूय निर्मुच्य पाणी पादौ च सर्वाणि चाङ्गानि सर्वांश्च संश्लेषानुत्सादयन्नलक्ष्मीं नुदते ।

spashṭo 'rthaḥ | "saṁçleshâḥ"—sandhayaḥ mukhâdisandhyântâni | uktadravyam 'indrehi' ity anena—"saṁyûya taiḥ"—cûrṇitaiḥ sarshapaiḥ pratidinam—"utsâdayan"—udvartayann "alaxmiṁ nudate" | evam uttaratra yatra yatra kâlâvadhir noktas tatra tatra saṁvatsaraparyantam iti drashṭavyam | atha hiraṇyârthaprayogam âha—

8. गौरान्सर्षपानग्नौ जुहुयाच्छतकृत्वो यदद्य कच्च वृत्रहन्[2] इत्येतेन[3] हिरण्यं लभते ।

"çatakṛitvo" daçâvaram "juhuyât" | spashṭam anyat | atha dhânyârthaprayogam âha—

9. व्रीहियवानग्नौ जुहुयात्सुनीथो घा स मर्त्य[4] इत्येतेन धान्यं लभते ।

"etena" saṁvatsaraparyantam "vrîhiyavân agnau juhuyât" çatakṛitvo daçâvaram iti | atha sahasrasaṅkhyâdihiraṇyalâbhasya[5] prayogam âha—

10. व्रीहियवौ सर्पिर्मधुमिश्रावाज्ये[6]ऽभ्यस्य स पूर्व्यो महोनामित्येतत्सामाहुत्यन्ते स्वाहाकारैश्च निधनैरेवं सदा प्रयुञ्जानः सहस्रं लभते ।

"vrîhiyavau"—tayos taṇḍulân ity arthaḥ | siddham anyat | tatraiva prayogântaram—

11. इम उ त्वा वि चक्षत[7] इत्येतेनाज्याहुतिसहस्रं जुहुयात्सहस्रं लभते ।

uktasâmnâ "âhutisahasram" âjyam[8] "juhuyât"[9] | saṁvatsaraparyantaṁ juhuyât | evaṁ sahasrasaṅkhyâkaṁ dhanam "labhate" | atha hiraṇyârthinâṁ[10] prayogam âha—

[1] S.V. I. 2, 2, 4, 6.
[2] c³ *alone adds* पिबेदुष्णन्तीं जुहुत इति हिर°.
[3] S.V. I. 3, 1, 2, 4.
[4] S.V. I. 3, 1, 2, 8.
[5] c³ sahasrasaṅkhyâdilâbhasya.
[6] S.V. I. 4, 2, 2, 4.
[7] S.V. I. 2, 1, 5, 2.
[8] c³ âjyâhutisahasram.
[9] c³ *omits* juhuyât.
[10] c³ °rthinaḥ.

12. मासोपोषितो बिल्वानां दधिमधुघृताक्तानां आवत्सीयेनाष्टसहस्रं जुहुयात्सिद्धे सौवर्णान्यसिद्धे राजतानि ।

"mâsoposhitaḥ" san—"vilvânâm"—tatpushpâṇâm phalânâm vâ dadhyâdyaktânâm[1] ashṭasahasrâṇy uktena sâmnâ "juhuyât" | "siddhe"—sampûrṇe vratâṅgayukte karmaṇi—"sauvarṇâni"[2] —labhate | "asiddhe" karmavaikalye sati rajatasaṅghâl labhate | atha sahasrahiraṇyârthinaḥ prayogam âha—

13. नैयग्रोधं दन्तधावनं घृतमधुलिप्तं गव्यो षु णः[4] एताभ्यामनिष्ठी-वन्त्संवत्सरं भक्षयन्सहस्रं लभते सहस्रं लभते ।

"naiyagrodham"—nyagrodhasambandhikâshṭam—"dantapavanam"—dantadhâvanam—"ghṛitamadhuliptam"—ghṛitena madhunâ ca liptam kâryam tena—"gavyo shu ṇaḥ"—"ity etâbhyâm anishṭhîvan"—nishṭhîvanarahitam yathâ bhavati tathâ saṁvatsaraparyantam pratidinam—"bhaxayan"—dantadhâvanam kurvan sahasrasaṅkhyâkam dhanam "labhate" | dviruktiḥ khaṇḍasamâptyarthâ |

iti çrîsâyaṇâcâryaviracite mâdhavîye vedârthaprakâçe sâmavidhânâkhye brâhmaṇe tṛitîyâdhyâye prathamaḥ khaṇḍaḥ |

III. 2. Atha sahasrârthinaḥ[5] prayogântaram âha—

1. त्रिरात्रोपोषितो महो नो अग्निरज्ञन[6] एतेनाज्याहुतिसहस्रं जुहुया-त्सहस्रं लभते ।

"trirâtroposhitaḥ"[7] sann uktena sâmnâjyâ-"hutisahasram juhuyât | tathâ sati sahasrasaṅkhyâkam dhanam "labhate" | atha gokâmasya prayogam[8] âha—

[1] Gr. G. G. vii. 2, 5 (= S. V. i. 3, 2, 3, 5).
[2] c[3] adds suvarṇasaṅghât.
[3] c[3] °dyabhyaktânâm.
[4] S. V. i. 2, 2, 5, 2.
[5] c[3] sahasradhanârthinaḥ.
[6] S. V. i. 2, 1, 2, 5.
[7] c[3] trirâtreposhi°.
[8] c[3] prayogântaram.

2. औदुम्बरीर्वा समिधो घृताक्ताः सहस्रं जुहुयाद्गा लभते ।

atra "vâ"-çabdaḥ pûrveṇa[1] vikalpârthaḥ | trirâtroposhitaḥ pûrvoktenaiva[2] sâmnâjyâhutisahasraṁ vâ ghṛitâktaudumbarasamitsahasraṁ vâgnau "juhuyât" | tathâ sati "gâm" prâpnoti | atha dhânyârthinaḥ prayogam âha—

3. व्रीहियवानग्नौ जुहुयाद्धान्यं लभते ।

uktaniyamaḥ san pûrvoktenaiva sâmnâ "vrîhiyavân agnau juhuyât" | atha grâmakâmasya pûrvoktasahasrahiraṇyâdikâmasya[3] ca prayogam âha—

4. द्वादशरात्रोपोषित एवा ह्यसि वीरयुरित्येतेनाज्यसहस्रं जुहुयाद्ग्रामं लभत एतांश्च सर्वान्कामानवाप्नोति ।

"dvâdaçarâtroposhitaḥ" san—"evâ hy asi" ity uktena sâmnâjyâ-"hutisahasraṁ juhuyât" | evaṁ sati "grâmam" avâpnoti | pûrvoktân sarvân kâmân sahasrahiraṇyâdikâṁç câpnoti[5] | atha hiraṇyâdikâminâṁ prayogam âha—

5. श्रत्तष्टकं[6] प्रयुञ्जानः प्रथमेन हिरण्यं लभते द्वितीयेन धान्यं तृतीयेन पशूंश्चतुर्थेन पुत्रान्पञ्चमेन ग्रामं षष्ठेन यशः सप्तमेन ब्रह्मवर्चसमष्टमेन स्वर्गं लोकमवाप्नोति ।

"çrattashṭakam"—iti sâmânyavacanam "prathamena"—ityâdi viçeshavacanam | uktâshṭakamadhye prathamaṁ sâma nityaṁ "prayuñjânaḥ hiraṇyaṁ labhate dvitîyena dhânyam"—ityâdi spashṭam | athâparimitaçrîsâdhanaprayogam âha[7]—

6. संवत्सरं गोव्रतसमाहारैर्गावश्चिद्घा समन्यव[8] इत्येतेनानन्तां विन्दते श्रियम् ।

"gâvaç cit"—iti[9] sâmnâ saṁvatsaraparyantam ekasyâ goḥ

[1] c² pûrvoktena kalpena saha. [2] c³ om. [3] c³ om. [4] *S.V.* i. 3, 1, 4, 10.
[5] c³ avâpnoti. [6] Gr. G. G. x. 1, 1–8 (= *S.V.* i. 4, 2, 6, 2).
[7] c² omits athâ . . . âha. [8] *S.V.* i. 6, 1, 2, 6. [9] c³ ity etena.

paryâptam "grâsam[1] âharet"—âhṛitya dadyâd ity arthaḥ | "anantyâm"—svârthikas taddhitaḥ[2] | iyattârahitâṁ çriyam—"vindate"—labhate | atha laxmîkâmasya prayogam âha—

7. वैरूपाष्टकं' नित्यं प्रयुञ्जानं लक्ष्मीर्भजते ।

spashṭo 'rthaḥ | çrîḥ sarvakâmasamṛiddhiḥ[4] | laxmîr darçanîyatvasahitâ samṛiddhir iti bhâvaḥ | atha tatraiva prayogântaram âha[5]—

8. अन्त्यं वा जानुदघ्न उदके तिष्ठन् ।

"vâ"-çabdaḥ pûrvaprayogeṇa saha vikalpârthaḥ | uktasâmnâṁ madhye "antyam" sâma—"jânudaghna udake"—jânupramâṇa udake "tishṭhan" nityaṁ prayuñjâno laxmîṁ labhate | athoktaṁ sâma dhânyâdeḥ phalasya sâdhanatayâ[6] viniyuṅkte |

9. नाभिदघ्ने धान्यं कक्षदघ्ने पशून्कण्ठदघ्ने पुत्रान्ग्रामं च ।

spashṭo 'rthaḥ | atha sahasradhanakâminaḥ prayogam âha—

10. अनपेक्षितो वाऽसकृद्गीत्वोत्तीर्णः सहस्रं लभते ।

"vâ"-çabdaḥ pûrvoktasyaiva sâmnaḥ prayogântarasâdhanatvadyotanârthaḥ—"anapexitaḥ"—udake tishṭhan—"asakṛit"—bahuvâraṁ vairûpasyântyaṁ sâma—"gîtvottîrṇaḥ"—udakâd utthitaḥ san sahasradhanam "labhate" | atha tatraiva prayogântaram âha—

11. आज्यजितसहस्रं वा कुर्यात्सामाग्नेयेषु स्वाहाकारैः ।

spashṭo 'rthaḥ | athoktakâmyaprayogakaraṇe phalavishaye kaṁcid viçesham âha—

12. एतेषां कल्पानां यथा भूयस्तथा श्रेयस्तथा श्रेयः ।

"eteshâm"—kâmyaprakaraṇoktânâṁ kalpânâṁ—'çrîmân bhavati'—'alaxmîṁ nudate'—'sahasraṁ labhate'—ityâdînâm ekaphalasâdhanânâṁ bahûnâṁ prayogânâm—"yathâ"—yena[7]

[1] om. c[3]. [2] c[3] omits ana° . . taddhitaḥ. [3] Âr. G. I. 1–8 (=I. 2, 1, 1, 8). [4] c[3] kâmasamṛiddhiḥ. [5] c[3] om. [6] c[3] phalasâdha°. [7] c[3] om.

prakâreṇâvṛittyâdilaxaṇena—"bhûyaḥ"—prayogasya bhûyastvaṁ bhavati | tathâ phalaçreyaḥ praçastatâ bhavati |

iti çrîsâyaṇâcâryaviracito mâdhavîye vedârthaprakâçe sâmavidhânâkhye brâhmaṇe tṛitîyâdhyâye dvitîyaḥ khaṇḍaḥ |

III. 3. Atha gosamṛiddhisâdhanaprayogam âha—

1. गाः प्रकाल्यमानाश्चोपकाल्यमानाश्च सदोपतिष्ठेत गव्यो षु ण'[2] इत्येताभ्यां स्फीयन्ते बहुला भवन्ति ।

gavâṁ çarîrapushṭyapatyotpattidvâreṇâbhivṛiddhiṁ ca kâmayamânaḥ "gâḥ prakâlyamânâḥ"—saṁcâradeçaṁ prati pracâlyamânâç "ca" punaç ca—"upakâlyamânâḥ"—gṛihaṁ prati prasthâpyamânâç ca—"gavyo shu ṇaḥ'—ity etâbhyâm" sadopatishṭhet | evam kṛite gâvaḥ—"sphîyante"—pravardhante prasavaiç ca "bahulâ bhavanti" | atha paçvâdibâhulyakâmasya prayogam âha—

2. सदा भोजनस्योपनीतस्याग्नौ जुहुयादग्ने विवस्वदुषस'[3] इति पूर्वेण बलिं चोत्तरेण कुर्याद्बहुपशुधनधान्यो भवति ।

"bhojanasya"—bhojanârtham—"upanîtasya"—pañcamahâyajñaçeshasyaivâdeçaḥ—"sadâ"—pratidinam aupâsane "agnau juhuyât" | "agne vivasvat" ity asya prathamena | tasya "uttareṇa" sâmnâ "baliṁ ca kuryât"[4] | evaṁ kṛite paçvâdibâhulyaṁ bhavati |

atha droṇaparimitahiraṇyârthaprayogam âha—

3. षड्रात्रोपोषितोऽमावास्यायां निश्येकवृक्षे क्षीरिण्यरण्ये मांसं सुसंस्कृतमेकतृणमवराध्यं मणिभद्रायोपहरेदेव स ते मधुनो दध्न् सोम'[5] इत्येतेन हिरण्यद्रोणं लभते ।

"amâvâsyâyâṁ niçy ekavṛixe xîriṇy araṇye"—eka eva jâtîya-

[1] c[3] yojanaprakâreṇa. [2] Gr. G. G. v. 2, 10–11 (= S.V. I. 2, 2, 5, 2).
[3] Gr. G. G. I, 2, 34-35 (= S.V. i. 1, 1, 4, 6).
[4] c[3] omits "agne . . . kuryât. [5] S.V. i. 6, 1, 4, 9.

vṛixântararahito nyagrodhâdir yasmin vane—"mâṁsam"—ajavarâhâdisâdhyam | ekasya tṛiptir yena mâṁsena bhavet tad ekatṛiptiḥ | tad evâvaram ardhyaṁ tad "ekatṛiptyavarârdhyam" ekapurushatṛiptisâdhanânyûnaṁ bhavitavyaṁ tato 'dhikaṁ bhavatu vâ mâ vety arthaḥ | kalpita-"mâṁsaṁ susaṁskṛitam" —apâkâdyatipâkâdyabhâvena subhṛitam—"mâṇibhadrâya"—mahârâjânucarâyoddiçyopahared uktena sâmnâ | tathâ sati hiraṇyadroṇaṁ labhate | atha divyabhogârthino bahvanucarârthinaç[1] ca tatsâdhanaṁ prayogadvayam[2] âha—

4. त्रिरात्रोपोषितः शुक्लचतुर्दश्यां सौन्नं मांसं पायसं वोपहरेत्त्रिरात्रं सन्न धेनवो धुनुध्विर[3] इत्येतेन दैवाम्पोषाम्पुष्यति बहुपुरुषं चास्य भवति क्रियावानेन कुरुते त्रिरात्रोपोषितः कृष्णचतुर्दश्यां मत्स्यानुपहरेत्सहारात्राय संश्रवस[4] इति वर्गेणासुराम्पोषाम्पुष्यति बहुपुरुषं चास्य भवति क्रियावानेन कुरुते ।

"trirâtroposhitaḥ"—tadante—"çuklacaturdaçyâm"—râtrau—"saunnaṁ mâṁsaṁ pâyasam vâ"—icchayâ maṇibhadrâya[5] saṁçravasa iti vargeṇa—"upaharet" | "poshân"—asurasambandhipushṭim—"pushyati" prâpnoti | atha—"trirâtroposhitaḥ" tadanta iti[6] | "asya"—prayoktuḥ—"bahupurushaṁ bhavati"—bahavaḥ purushâ bhavanti | "anena"—bahupurusheṇa—"kriyâç ca"—kartavyâni[7] karmâṇy api kurute | atha vâstuprayogam âha—

5. अथातो वास्तुशमनं[8] मद्विधं प्रतिदिशं रथ्या यश्चेदृगागारदेशेषु च यथाभिसन्नेषु यथोपनिम्नेद्रव्यन्तेषु ग्रामोपकार्यमीपर्वीणां पर्वतोपरिभिरेदयतैव युमनोभिव पूर्वैः मोहपदैर्गुरो ·त्रिं प्रतिष्ठाय धामावन्त व रक्षिवर्मित्वेतन्नीत्वा पायसमग्नौ जुहुयात्परैर्वा च यथाग्रपर्वमन्त्रमेषु मधुपहारः प्रजापतये स्वाहेति मध्य उपहरेदिन्द्राचेति पुरस्ताद्यायम इत्यथा-

[1] c[3] bahupurushârthinaç. [2] c[2] prayogam. [3] S.V. I. 6, 2, 2, 7.
[4] Not in S.V. [5] c[3] 'bhadrâyaiva. [6] c[3] omits atha . . iti.
[7] c[2] avena karta'. [8] A. c[3] वास्तुशमनं. [9] S.V. I. 3, 1, 2, 7.

न्तरदेशे यमायेति दक्षिणतः पितृभ्य इत्यपान्तरदेशे वरुणायेति पश्चा-न्महाराजायेत्युत्तरान्तरदेशे सोमायेत्युत्तरतो महेन्द्रायेत्युत्तरान्तरदेशे वा-सुकय इत्यधस्तादूर्ध्वं नमो ब्रह्मण इति दिवि ब्रह्मपत्नुभ्यधाम्यविरक्षमा-पुष्पमनुवद्यं वीरसूर्भवा यविधमस्तोके प्रियं पुत्रं पशु भवति चतुर्षु मासेषु प्रयोगः संवत्सरे वा पुनः प्रयोगः पुनः प्रयोगः ।

"athâtaḥ" çabdau pûrvavad avagantavyau | "vâstuçamanam" | "vâstu"—nûtanaṁ gṛihâdhishṭhânaṁ tasya—"çamanam"—tatratyaraxaḥprabhṛitînâṁ nivâraṇam ity arthaḥ | tatkalpa ucyata iti çeshaḥ | tasya vâstunaḥ pratidiçaṁ pradaxiṇaṁ rajjvâ—"yacchet"—nigṛihṇîyâd ity arthaḥ | tatra prakâravacanam prâcyâṁ diçy udagagrâ rajjuḥ kâryâ | daxiṇasyâṁ diçi prâgrâ | pratîcyâṁ diçy udagagrâ | udîcyâṁ diçi prâgagrâ rajjuḥ sthâpanîyâ | tathâ—"avântaradeçeshu"—vidixu catasro rekhâḥ kâryâḥ | "yatrâbhisameyuḥ"—rajjavaḥ saṁgatâ bhaveyuḥ | madhyadeça ity arthaḥ | "tatropalimpet"—tatra pradeçe[1] gomayenopalimpet | "rajjvanteshu" ca prâcyâdyashṭadixv ity arthaḥ | teshu copalimpet | tad vâstu sarvataḥ—"çamîpalâçaçrîparṇînâṁ patrair vâstûpakiret" | "çrîparṇî"—vilvaḥ | tathâ—"axataiḥ sumanobhiç ca"—sugandhibhiḥ pushpair vâstu vikiret | "pûrvaiḥ proshṭapadaiḥ"—yukte candramasi—"gṛihe"—kvacid deçe 'gniṁ pratishṭhâpya—"dhânâvantam"—ity etad gîtvâ pâyasam agnau juhuyâd vaxyamâṇena—"prajâpataye svâhâ"—iti mantreṇa | "pareshâṁ ca"—iti | caçabdâd vâyuprabhṛitînâṁ lokapâlânâṁ sâma gîtvâ caturthyantaiḥ svâhântair nâmabhir juhuyât | homânte prajâpatiprabhṛitînâm—"palâçaparṇamadhyameshu"—palâçamadhyaparṇeshu balînâm upahâraḥ kâryaḥ—"prajâpataye svâhâ" iti | upalipte madhyapradeçe baliṁ hared—"indrâya svâhâ"—iti | purastâd upalipte deçe baliṁ haret | etadâdi mahendrâya svâhety antaṁ spashṭam | "vâsukaye svâhâ"—iti vâstumadhye 'dhastâd ûrdhvaṁ ca balyupahâraḥ | atrâdhastâdûrdhvam iti çabdayor madhyabaleḥ prâkpaçcâdbhâgâv

[1] c[2] deçe.

ity arthaḥ | uparyadhaç ca baliharaṇâçakyatvât | "namo brahmaṇa iti divi"—antarixe balim utxipet | evaṁ kṛite tad vâstu —"bahupaçudhanadhânyahiraṇyam"—bhavati | bahuçabdaḥ pratyekaṁ saṁbadhyate | "paçoḥ"—gavâdi | dhanaçabdena maṇimuktâdi | tathâ tad vâstu—"âyushmat purusham"—bahvâyushyopetaṁ putramitrâdyupetaṁ bhavati | tathâ—"vîrasûsubhagâ—avidhavastrîkam"—uktaguṇaviçishṭastrîyuktaṁ bhavati | "çivam"—açivânâṁ raxaḥprabhṛitînâṁ nivâraṇân maṅgalopetam ata eva—"puṇyam" bahupuṇyopetaṁ bhavati | evaṁ kṛitvâ—"caturshu mâseshu"—gateshu vâstuprayogaḥ kâryaḥ[1] | "saṁvatsare vâ"—saṁpûrṇe prayogaḥ punaḥ kâryâḥ | abhyâsaḥ khaṇḍasamâptyarthaḥ |

iti çrîsâyaṇâcâryaviracite mâdhavîye vedârthaprakâçe sâmavidhânâkhye brâhmaṇe tṛitîyâdhyâye tṛitîyaḥ khaṇḍaḥ |

III. 4. Atha vâstvabhidhânânantaraṁ dṛishṭadarçanârthaprayogân vaxyâmî 'ti pratijânîte—

1. अथातो ऽदृष्टदर्शनानाम् ।

"atha"-çabdo 'dhikâradyotanârthaḥ | "ataḥ" yato 'dṛishṭadarçanârthaprayogânabhidhâne[2] na tadavâptir ataḥ—"adṛishṭadarçanânâm" | adṛishṭâ adṛiçyabhâvât svapnajâgaritavishayâ ata eva yair dṛiçyante tâny adṛishṭadarçanâni | teshâṁ prayogâ ucyanta iti çeshaḥ | atha svapnavishayaprayogam âha—

2. सङ्करात्सङ्करेवासिनीमावहेच्छूर्पेऽक्षतानभ्यर्च्याभ्युक्षणमन्त्रेण कृत्वा संविष्टः प्राक्शिराः शुचौ देशे शिरस्तः कृत्वा च एतमु प्रवेशितहोता वाम्यतः प्रस्विपत्याति ह ।

"saṅkarât"—saṁmârjanîtaḥ sakâçât—"saṅkare-vâsinîm âvahet"—etatsaṁjñâṁ tadabhimâninîṁ devatâṁ çûrpeṇâvâhayet | saptamyarthe tṛitîyâ | atrâsmin devatâyukte çûrpe 'xatâdîn "kṛitvâ" tais tâm abhyarcya çucau deçe prâkçirâḥ saṁvishṭaḥ—"çirastaḥ"—kṛitvâ svaçirodeçe taṁ çûrpaṁ nidhâyaitat sâma

[1] om. c°.

[2] c¹ 'darçanârthinâṁ prayo°.

yathâçakti gîtvâ vâgyataḥ prasvapet | evaṁ kṛite bhâviphalasûcakaṁ svapnaṁ paçyetety arthaḥ | atha jâgratprayogavishayam âha—

3. गरगोलिकां वा समुद्गे ·पधाया ·याहि सुषुमा हित[1] इत्येतेना वाग्यतः प्रस्वपेत्पश्यति ह ।

"garagolikâm"—vishagolikâm—"samudge"—saṁpuṭe nidhâyâxatâdibhir abhyarcya çirastaḥ kṛitvâ prâkçirâḥ saṁvishṭaḥ—"â yâhi"—iti sâma gîtvâ vâgyataḥ prasvapet paçyati didṛixitam iti | atha jâgratprayogam âha—

4. कन्यां चोपवासयेददृष्टरजसमादर्शं चायमग्निः श्रेष्ठतम[2] इत्येतेन पुष्यायां रात्रावेतेनैवाभिमन्त्र्य परिमृज्य ब्रूयात्पश्येति पश्यति ह ।

"vâ"-çabdaḥ prayogântaradyotanârthaḥ | "kanyâm"—aprâptapuṁyogâm—"adṛishṭarajasam"—rajodarçanarahitâm | âdarçaṁ ca—"ayam agniḥ"—ity etenâbhimantrya[3] mukhaṁ parimṛijyâdarçaṁ paçye 'ti tâṁ brûyât sâ ca paçyati | âdarçitaṁ pṛicchet sâ yathârthaṁ brûte[4] | tatraiva prayogântaram—

5. उदशरावं चोपवासयेत्प्र मित्राय प्रार्यम्ण[5] इत्येतेन पुष्यायां रात्रावेतेनैवाभिमन्त्र्य परिमृज्य ब्रूयात्पश्येति पश्यति ह ।

âdarçasthâna udakaçarâvaḥ | "ayam agnir" ity etasya[6] sthâne "pra mitrâya prâryaṁṇe"—ity etasya prathamaṁ sâme 'ti | çesham pûrvavad yojyam | atha vaidikaṁ laukikaṁ vâ yadi karma cikîrshitaṁ tasya[7] siddhyasiddhikâraṇaprayogam âha—

6. वंशमयी वा शलाके मध्वैः प्रक्षिप्य मध्यमेनोपवासयेत्पुष्यायां रात्रावेतेनैवाभिमन्त्र्य परिमृज्य ब्रह्मचारिणी ब्रूयाच्चरतमिति संनमतोः सिद्धिं विद्यात् ।

[1] S.V. I. 1, 2, 6, 7. [2] This v. is not to be found in the SV. SS.

[3] c² adds here, "upavâsayet" râtrau svasamîpe vâsayet | "vyushṭâyâṁ râtrau"—prabhâte jâte—"etenaiva"—sâmnâ kanyâṁ sahasrakṛitvaḥ çatâvaraṁ abhigîya.

[4] c³ brûta. [5] Gr. G. G. vii. 1, 16–18 (= S.V. I. 3, 2, 2, 8). [6] c³ asya. [7] c³ om.

atha vaidike laukike vâ karmaṇi[1]—"vaṁçamayau"—tvaksâra-nirmite[2]—"gandhaiḥ"—candanâdibhiḥ[3] pralipya[4] brahmacâriṇau ca râtrâv upavâsayet | tato vyushṭâyâm etenaiva sâmnâbhigîya brahmacâriṇâv ime çalâke dhârayatam iti brûyât tâbhyâṁ prayatnapûrvakasaṁnayadbhyâm agrato dhâryamâṇe çalâke yadi svayam eva madhye saṁnate syâtâṁ tayoḥ saṁnamatyoḥ siddhaṁ vidyât | bhâvinaḥ karmaṇaḥ siddhiṁ jânîyât | atra kecic chalâkayor evopavâsanaṁ brahmacâriṇau prâtar ânetavyâv[5] ity âhuḥ |

athâtraiva prayogântaram—

7. यष्टिं वान्त्येन चतुरङ्गुलशो निमायोपवासयेद्व्युष्टायां रात्रावेतेनैवा-भिगीय परिगृह्य प्रमिणुयादङ्गुलिपर्वभिः पूर्यमाणेषु सिध्यति ।

"yashṭiṁ vântyena caturaṅgulaçaḥ" kṛitsnâm mimîti tâṁ[6] gandhaiḥ pralipya "vyushṭâyâṁ râtrau" tâm etenaivâbhigîya hastena parigṛihyâṅguliparvabhiḥ "pramiṇuyât" | aṅguliparvasu pûryamâṇeshu yâvadbhir aṅguliparvabhir upavâsanakâle pramitâ yashṭis tato 'dhikapramâṇâyâṁ satyâṁ svakâryaṁ sidhyati 'ti jânîyâd ity arthaḥ | atha vîjâvâpakâle teshâṁ mahâphalasiddhyupâyam âha—

8. आषाढ्यां पौर्णमास्यां बीजानि धारयित्वोपवासयेत्तुलां चेन्द्रमिद्-देवतातय[7] इत्येतेन व्युष्टायां रात्रावेतेनैवाभिगीय परिगृह्य तोलय धारये-याणि वरीयांसि तान्यृध्यन्ते ।

"âshâḍhyâṁ paurṇamâsyâm vîjâni"—yavavrîhyâdîni dhârayitvâ "tulâm ca" caçabdâd vîjâni copavâsayet—"indram id devatâtaye"—ity etena sâmnâ—"vyushṭâyâm"—ityâdi spashṭam | paçcât tulâyâṁ dhâritânâṁ vrîhiyavâdînâṁ madhye yâni—

[1] c[2] *omits* atha . . . karmaṇi. [2] c[3] *adds* daṇḍe çalâke kṛitvâ. [3] c[1] agurucha°.
[4] c[3] *adds* "madhyamena"—viçeshât çravaṇât "pra mitrâya" ity asya madhyamena te çalâke. [5] c[1] âhûtavyau.
[6] c[3] vâçabdaḥ pûrvavat | "yashṭim"—vaṁçamayîṁ "pra mitrâya" ity asyântena caturaṅgulaçoḥ minîyopavâsayet kṛicchrâdiç (!) ca—"abhigîya"—itarad gîtvâ |
[7] *S.V.* i. 3, 2, 1, 7.

"garîyâṁsi"—gurutarâṇi bhavishyanti[1] tâny ṛidhyante tasmin saṁvatsare tâni pravṛiddhâni bhavishyantî 'ti jânîyât | atha kâryâṇâm evaṁ phalasiddhibhâvâbhâvaparîxâm âha—

9. अक्षतानां द्वौ राशी कुर्याद्भावाभावयोरा नो विश्वासु हव्यमित्येतेन व्युष्टायां रात्रावेतेनैवाभिमन्त्र्य प्रोक्ष्य ब्रूयादालभस्वेति भावमालभमाने विद्यात् ।

axatânâm—"bhâvâbhâvayoḥ"—kâryasadbhâvâsadbhâvayor nimittabhûtau dvau râçî kuryât—"â no viçvâsu"—iti sâmnâ vyushṭâyâṁ râtrâv uktenaiva sâmnâbhigîya râçî proxya kanyâṁ brahmacâriṇaṁ vâlabhasveti brûyât tasminn âlabdhabhâvam âlabhamâne sati kâryaṁ sidhyatîti vidyâd itarathâ vaiparîtyaṁ vidyât | atha jayaparâjayaparijñânopâyam âha—

10. ज्योतिष्मतां विधूमानामङ्गाराणां द्वौ राशी कुर्याद्यावन्तो वा स्युस्तेनार्थिनः श्रुष्टग्ने नवस्य म' इत्येतेनाज्येन युगपद् घृतेनाभिषिञ्चेद्यः पूर्वः प्रज्वलितो विधूमेनार्चिषा प्रदक्षिणमभिपर्यावर्तेत[4] स जयतीति विद्यात् ।

"jyotishmatâm"—tejoyuktânâm—"vidhûmânâm"—dhûmarahitânâm aṅgârâṇâṁ—"dvau râçî kuryât" | athavâ—"tena"—kriyamâṇarâçinâ yâvanto 'rthinaḥ syur yâvatsaṅkhyâkâ jayakâmino bhaveyus tâvatsaṅkhyâkarâçîn kṛitvâsâv amushyâsâv amushyeti nirdiçet | "çrushṭy agne navasya me"—ity etena sâmnaitân aṅgârarâçîn yugapad ghṛitenâbhishiñcet teshâṁ madhye yasya râçiḥ pûrvaṁ prajvalitaḥ san dhûmarahitena tejasâ "pradaxiṇam abhiparyâvartate sa jayatîti vidyât" | atha gṛihavartinâṁ[5] cirakâlajîvanaparijñânopâyam[6] âha—

11. ज्योतिष्मतः कुर्यात्तानुदीचो घृतेन सचो न्यचितेन प्र सोम देवतीतय[7] इत्येतेनाज्यस्याभ्यषेचः पश्चाज्ज्वलिष्यति स चिरं जीवति ।

jyotishkân aṅgârarâçîn jyotiryuktân kuryât | katham | tatkaraṇa-

[1] c[3] bhavanti.
[2] S. V. I. 3, 2, 3, 7.
[3] S. V. I. 2, 1, 1, 10.
[4] A. c[1] °वर्तेत.
[5] om. c[1].
[6] cirañjîvanaparijñânopâyam.
[7] S. V. I. 6, 1, 3, 4.

prakâra ucyate | "mânushîṇâṁ ghṛitena"—yoshitâṁ ghṛitenâjyena tâsâṁ paya ekîkṛitya dadhi kṛitvâ tat sadya eva mathitaṁ tadutpannaṁ navanîtaṁ ghṛitaṁ kṛitvâ tena ghṛitena etân amushyâyam amushyâyam iti nirdishṭân aṅgârarâçîn yugapad ujjvalayet | teshu yasyâṅgârarâçiḥ paççâc châmyati sa ciraṁ jîvati yas tataḥ pûrvaṁ çâmyati sa tato 'nujîvati | evaṁ sarveshâm api jîvanapaurvâparyam avagantavyam |

iti çrîsâyaṇâcâryaviracite mâdhavîye vedârthaprakâçe sâmavidhânâkhye brâhmaṇe tṛitîyâdhyâye caturthaḥ khaṇḍaḥ |

III. 5. Atha purohitakartavyarâjâbhishekaprayogam âha—

1. राजानमभिषेचयेत्तिष्येण श्रवणेन वा व्रीहियवसिद्धार्थदधिमधुसु-
मनोजातरूपैर्यशस्विनीभ्यो नदीभ्यः समुद्राच्चोदकान्याहृत्यौदुम्बरे भद्रा-
सने वैयाघ्रे चर्मण्युत्तरलोम्न्यासीनं जीवन्तीनां गवां शृङ्गकोशैरभिषिञ्चे-
दभ्रातृव्य' इति रहस्येन ।

purohitaḥ—"râjânam abhishecayet"—abhishiñced vaxyamâṇaiḥ sâdhanaiḥ | yady api râjaçabdo 'bhishekasaṁskṛitaxatriyasya vâcakas tathâpi bhâvini saṁjñâm âçritya 'yûpaṁ taxaty' 'âhavanîyam âdadhâti' 'tyâdivad abhishiktavyasya "râjânam" ity upacâraprayogaḥ | tasya kâlam âha—"tishyeṇa çravaṇena vâ" | tishyaṁ pushyaṁ[2] tasmin vâ çravaṇe vâbhishekaḥ kâryaḥ | atha tatsâdhanadravyam âha | vrîhiyavâdijâtarûpântair ashṭa[3]-dravyair miçritair udakair abhishiñced ity uttaratra saṁbandhaḥ | "yaçasvinîbhyaḥ"—pâvanatvaprayuktâkhyâtiyuktâbhyo gaṅgâtuṅgabhadrâdinadîbhyaḥ—"samudrâc codakâni"—pṛithak pṛithag âhṛitya—"auduṁbare"—uduṁbarasaṁbandhini—"bhadrâsane"—pâdacatushṭayopete siṁhâsane | upary âstṛite—"vaiyâghre"—vyâghrasaṁbandhini—"carmaṇy uttaralomni"—lomapradeça uttara uparibhâgo yasya tâdṛiça âsînam—"jîvantînâm"—jîvanopetânâṁ—"çṛiṅgakoçaiḥ"—gavâṁ çṛiṅgâṇi cchitvâ nirmitaiḥ pûrvoktaiḥ jalaiḥ paripûritaiḥ—"abhrâtṛivya"

[1] S.V. I. 5, 1, 2, 1. [2] ç² om. [3] ç² om.

iti rahasyena sâmnâbhishiñcet | "udakâni" "çriṅgakoçair" ity ubhayatra bahuvacanaçravaṇât pṛithakpṛithag[1] gaṅgâdyudakair abhishiñced ity abhiprâyaḥ | tatraiva prayogaiḥ kâmanâbhedena mantram âha—

2. यं कामयेतैकराजः स्याच्चक्रं न प्रतिहन्येतेत्येकवृषेणाभिषिञ्चेत्।

purohitaḥ—"yam"—râjânam—"ekarâjaḥ syât"—kṛitsnasya[3] bhûmaṇḍalasyaika eva râjâ bhaved ity[4] athâsya—"cakram" maṇḍalam—"na pratihanyeta"—kenâpi vairiṇâ na pratihato bhaved iti kâmayeta[5] taṁ râjânam—"abhrâtṛivya"—iti rahasyasthâne—"ekavṛishena"—iti sâmnâbhishiñcet | çishṭaḥ prayogaḥ pûrvokta eva | atha purohitâya pradeyaṁ dravyaṁ tadadhînakaraṇam âha—

3. अभिषेक्त्रे हस्त्यश्वमवरं दासीशतं सहस्रं तदधीनस्य भवेत्।

spashṭo 'rthaḥ | athâdbhutaçântim âha—

4. अद्भुते यवद्रोणं जुहुयाद्वात आ वातु भेषजमित्येतेन शाम्यति ह।

"adbhutam" abhûtam[7] akḷiptahetukam ity arthaḥ | tasmin sûryamaṇḍalacchidrâdâv adbhute[8] sati—"vâta â vâtu bheshajam"—"ity etena çâmyati" tad adbhutam anyad vṛittam ity arthaḥ[9] | athâbhicâraçântiprayogam âha—

5. कृष्णांस्तिलानग्नौ जुहुयात्प्र दैवोदासो अग्निरित्येतेन[10] नैनं कृतानि हिंसन्ति तान्येव प्रतिगच्छन्ति।

"kṛishṇân tilân agnau juhuyât—pra daivodâso agnir"—iti sâmnâ nainâm "kṛitâni"—parakṛitâbhicârâdiprayuktâni kṛityâdîni kiṁtu tâni prayoktṛîn eva pratigacchanti[11] | tatraiva prayogântaram âha—

[1] c[3] pṛithag. [2] Âr. G. p. i. 6, 4 (= S. V. I. 4, 2, 5, 9), etc. [3] c[3] om.
[4] c[3] iti kâmayeta. [5] c[3] omits athâsya . . . kâmayeta.
[6] S. V. I. 2, 2, 4, 10. [7] c[3] abhûtapûrvam. [8] c[4] utpanne.
[9] In c[3] the c. after ity etena is sâmnâ—"yavadroṇam"—yavânâṁ droṇaparimâṇaṁ samâptiparyantaṁ homocitaparimâṇena vibhajya tâvatsaṅkhyaṁ juhuyât | tenâdbhutajanitaṁ pîḍanam—"çâmyati ha"—naçyaty eva. [10] S. V. i. 1, 1, 5, 7.
[11] In c[3] the c. on this sentence is—"pra daivodâsa" iti sâmnâgnau—"kṛishṇân"—çyâmâṁs tilân juhuyât | "tâni"—kṛityâny abhicârikâṇi karmâṇi—"enam"—abhicaryamâṇaṁ purusham—"na hiṁsanti"—na pîḍanti | na kevalam abhicaryamâṇapîḍanam eva kiṁtu tâny eva [prayoktṛîn pratigacchanti].

6. क्षीरयवाग्वश्नी जुहुयात्प्रत्यस्मै पिपीषत इति वामदेव्येन[1] येऽस्य व्रतानि हिंसन्ति तान्येव प्रतिगच्छन्ति ।

spashṭo 'rthaḥ |

atha tatraiva prayogântaram âha—

7. ताम्ररजतजातरूपायसीं मुद्रां कारयित्वोच्चा ते जातमन्धस[2] इति चतुर्थेनाभिजुहुयात्सहस्रकृत्वः शतावरं तां मुद्रां दक्षिणेन पाणिना धारयेद्येऽस्य व्रतानि हिंसन्ति तान्येव प्रतिगच्छन्ति तान्येव प्रतिगच्छन्ति ।

tâmrâdicaturlohamayîṁ "mudrâm" anguliyakaṁ kârayitvâ—"uccâ te jâtam andhasaḥ"—ity asyâç caturthena sâmnâ sahasrakṛitvaḥ çatâvaram âjyena hutvâ saṁpâtamudrâyâm abhijuhuyât | çishṭaṁ spashṭaprâyam iti |

iti çrîsâyaṇâcâryaviracite mâdhavîye vedârthaprakâçe sâmavidhânâkhye brâhmaṇe tṛitîyâdhyâye pañcamaḥ khaṇḍaḥ |

III. 6. Atha yuddhajayârthino râjñaḥ prayogam âha—

1. सङ्ग्रामं युयुत्समानस्योदकमभिजुहुयात्सोमं राजानं वरुणमित्येतेन[3] तत एनं पाययेद्यो राजा चर्षणीनामिति[4] पूर्वेण ये चास्य मुख्याः स्युस्तानुत्तरेणाभिषिञ्चेत् ।

"saṅgrâmaṁ yuyutsamânasya" yoddhum icchato râjño jayârthaṁ purohita âjyatantreṇa mahâvyâhṛitiparyantaṁ hutvâ somam—"râjânaṁ varuṇam"—ity etena sâmnâjyena sahasrakṛitvaḥ çatâvaraṁ hutvâ saṁpâtenodakam abhijuhuyât tato 'bhihutam udakam—"yo râjâ carahaṇînâm" ity asyâḥ pûrveṇa sâmnainaṁ "pâyayet" | atra yoddhṛiṇâṁ madhye—"ye"—yoddhâraḥ—"mukhyâḥ syuḥ"—pradhânapurushâḥ senâpatayaḥ syus tân "yo râjâ" ity asyottareṇa sâmnâbhihutenaivodakenâbhishiñcet |

atha saṁnâhamantram âha—

[1] Âr. G. p. i. 7, 8 (= S. V. i. 2, 2, 8, 5), etc.
[2] Gr. G. G. xii. 2, 1-13 (= S. V. I. 5, 2, 4, 1).
[3] S. V. I. 1, 2, 5, 1.
[4] Gr. G. G. vii. 2, 17-18 (= S. V. I. 3, 2, 4, 1).

2. अथैनं संनाहयेत्प्रसेनानीरिति[1] वर्गेण ।

athodakapânânantaram—"enam"—râjânam—"prasenânîḥ çûro"—iti "vargeṇa" kavacâdibhiḥ sâdhanaiḥ[2]—"saṁnâhayet"—yuddhaṁ saṁnaddhaṁ kuryât purohitaḥ | atha rathayojanasya mantram âha—

3. अथास्य रथं युञ्ज्यादा त्वा सहस्रमा शतमिति[3] वर्गेण ।

atha saṁnahanânantaram—"asya"—râjño ratham—"â tvâ sahasram"—iti vargeṇa "yuñjyât" açvâdibhiḥ sâdhanair yojayet purohitaḥ | atha çakrayor adhishṭhânasya câbhimarçanamantram âha—

4. बृहद्रथन्तराभ्यां[4] चक्रे वामदेव्येनाधिष्ठानम् ।

spashṭam |

atha râjño rathârohaṇam âruhya gacchato 'nugânaṁ câha—

5. स यदा तं युद्धं रथमित्येतेनाधितिष्ठेत्प्रयायान्तं चैनमनुगायेदिन्द्रस्य नु वीर्याणीत्यादि ।

atha saṅgrâmântikaṁ prâptavata âdau samantrakam ishutrayaṁ[8] xepaṇîyam ity âha—

6. शीर्षं गत्वा शीर्षिमिषूनस्येदु त्वा मदन्तु सोमा[9] इत्येतेन जयति न पराजीयते ।

"çîrsham"—saṅgrâmaçiraḥpradeçaṁ gatvâ | çishṭaṁ spashṭam | etena sa râjâ saṅgrâmaṁ gatvâ jayaty eva na kadâcid api çatrubhiḥ parâjîyate | atha tatraiva prayogântaram—

7. सन्दर्शने धृषाया भोः सरूपवत्साया धृतद्योतं दुग्धवात्यमित्येति[10] रहस्येन जयति न पराजीयते ।

"sandarçane"—yatra yuddhârthinî parasenâ dṛiçyate tatra san-

[1] Gr. G. G. xvi. 2, 16–18 (= S.V. i. 6, 1, 5, 1). [2] c³ om.
[3] Gr. G. G. vi. 9, 23–26 (= S.V. i, 3, 2, 1, 3).
[4] R. G. v. 16 (= S.V. ii. 2, 1, 12).
[5] *Several ss. in the first and third gânas bear this name.* [6] S.V. i. 5, 1, 4, 6.
[7] Âr. S. iii. 11. [8] c² om. [9] S.V. i. 5, 1, 1, 1. [10] S.V. i. 3, 2, 2, 1.

darçanam | tatroktalaxaṇâyâ goḥ saṁbhûtaṁ ghṛitaṁ droṇaparimâṇaparimitam—"satyam ittha"—ity anena rahasyena[1] juhuyât | çishṭam uktam | atha tatraiva prayogântaram âha—

8. बाधकमयीनां समिधां घृताक्तानां सहस्रं जुहुयादभि त्वा पूर्वपीतय[2] इति यमद्वारं चास्य निधनं कुर्यात्स्वपति न पराचीयते ।

"bâdhakaḥ"—râjavṛixaḥ | çishṭam uktaprâyam | atha prayogântaram—

9. सैध्रिकमयीनां समिधां घृताक्तानां सहस्रं जुहुयादभि त्यं मेषमितीन्द्र इव दस्यूनमृण इति चास्य निधनं कुर्यात्स्वपति न पराचीयते ।

"saidhrikam"—sâravṛixaviçeshaḥ | "abhi tyam"—ity asyânte—"indra iva dasyûn pramṛiṇa"—iti câsya[4] nidhanam | çishṭam uktam | atha mukhyasaptapurushabadhakâmasya prayogaḥ—

10. सप्तरात्रोपोषितः सप्तमुख्यानुद्दिश्य सद्यः पीलितेन सर्षपतैलेन सप्ताहे-नाहुतिसहस्रं जुहुयात्सप्तरात्रान्न भवन्ति ।

"saptarâtroposhitaḥ"—saptarâjâdimukhyân purushân uddiçya teshâṁ nâmanirdiçyato mriyantâm ity uktvety arthaḥ | "saptapurushâ bhavanti"—iti saptahaṁ tena[6] sâmnâhutisahasraṁ juhuyât tathâ kṛite "saptarâtraḥ" tâvatkâlajîvino na bhavantîty arthaḥ | atha çatroḥ sacaturaṅgabalasyâbhicâraprayogaḥ[7]—

11. हस्त्यश्वरथपदातीनां पिष्टमयीं प्रतिकृतिं[8] कृत्वा पिष्टस्विन्नां छेदयित्वा सर्षपतैलेनाभ्यज्य तासां पुरैवाङ्गान्यवदायाग्नौ जुहुयादभि त्वा शूर नोनुम[9] इति रथन्तरेण च होमो यावतां जुहोति[10] सर्वे न भवन्ति ।

hastyâdînâṁ caturaṅgabalâdînâṁ madhye yâvatâṁ pratikṛitiṁ

[1] c¹ sâmnâ.

[2] S.V. I. 3, 2, 2, 4.

[3] S.V. I. 4, 2, 4, 7.

[4] c¹ om. câsya.

[5] *Saptaha terms occur in the second and forth gâna, but not the v. quoted in the c., which does not appear to be in the VV. SS.*

[6] *In c¹ the comm. from sapta° . . . saptahaṁ is wanting.*

[7] c¹ omits atha . . . °prayogaḥ.

[8] B. °मयीः °कृतीः.

[9] S.V. i. 3, 1, 5, 1.

[10] D. जुहुयात्.

kartuṁ çaknoti tâvatîḥ pishṭamayîḥ pratikṛitîḥ[1] kṛitvâ tâsâṁ madhya ekaikâ sâmushya pratikṛitiḥ sâmushyeti nirdiçya pishṭasvedaṁ yena pâkena svidyate tathâ svedayitvâ tâḥ pratyekaṁ sarshapatailenâbhyajya tâsâm aṅgâni mukhyâni hastapadâdini ca xurepâvadâya—"abhi tvâ"—iti rahasyenâgnau juhuyât | yatra hîçabdaḥ "abhi tvâ" ity anenâ hutisahasraṁ juhuyât | evaṁ kṛite yâvatâṁ hastyâdînâṁ pratikṛitiṁ juhoti te sarve—"na bhavanti"—naçyantîty arthaḥ | athaikasyâbhicâraprayogam âha—

12. त्रिरात्रोपोषितः कृष्णचतुर्दश्यां श्मशानादङ्गारमाहृत्य चतुष्पथे वा-ऽवसथेऽग्निमुपसमाधाय विभीतकेन स्रुवेण सर्षपतैलेनाञ्जलिसहस्रं कृष्णा-त्समीलेन' यत्र वृश्चशब्दः स्यात्तत्र पुरुषः सशूलहस्त उत्तिष्ठति तं ब्रूयादमुं जहीति हन्त्येनम् ।

trirâtroposhita ityâdi spashṭam | "saṁmîlyena yatra vṛiçcaçabdaḥ syâd"—iti—pavimanti pañcamahâsâmâni saṁmîlyâni teshu yatra vṛiçcaçabdaḥ syât—"xuro haro haro haraḥ vṛiçca pravṛiçca"—ity anenâhutisahasraṁ juhuyât | homânte tatraiva homasthâne "çûlahastaḥ" kaçcit "purusha uttishṭhati" samutthitaṁ purusham "amuṁ jahîti brûyât" sa evamuktaḥ purusha—"enam" vairiṇaṁ hanti |

atha tatraiva prayogântaram âha—

13. आमगर्भस्य वा पुरैवाङ्गान्यवदायाग्नौ कृष्णात्मवचर्मावैदर्भिः सयत्नं मनसाध्यायन्नसौ न भवति सद्यो न भवति ।

"âmagarbhasya"—"âmaḥ" apakvaḥ | "garbhaḥ" udarapradeço yasyâ vairipratinidheḥ sa âmagarbhaḥ | tasya pûrvoktaṁ

[1] c[3] om.

[2] Âr. G. p. I. 7, 1–5. *The first of these five texts* (*the* Rudrasûkta) *is*—â krandaya turo ghosham mahantaṁ hari indrasyâbhiyojeyâçu marmavidhaṁ dadatâm anyonyaṁ çalyâtmâ patatu çloham accha | *This and some other sentences not in the* S.V. *and eked out with such words as* 'phaṭ,' 'mras,' *repeated several times, form the* pavimanti sâmâni. *They end with the words quoted in the commentary, and* 'pracchindhi.'

[3] *Verses bearing this name do not appear to be in the* S.V. *gânas.*

pishṭasvede kṛite pishṭapratikṛiter udarapradeço yathâ na pakvo bhavati tathâ sveditâyâḥ pratikṛiter ity arthaḥ | vâçabdaḥ pûrvaprayogeṇa saha vikalpârthaḥ | tasyâṅgâni xureṇâvadâyâgnau juhuyât kaxavargâdyair ityâdi spashṭam |

iti çrîsâyaṇâcâryaviracite mâdhavîye vedârthaprakâçe sâmavidhânâkhye brâhmaṇe tṛitîyâdhyâye shashṭhaḥ khaṇḍaḥ |

III. 7. Atha bhâvijanmasv ajñânâbhâvakâminaḥ prayogam âha—

1. अथ यः कामयेतामुह्यन्सर्वाणि जनित्राणि परिक्रामेयमिति महे नो अद्य बोधयेत्येतत्सदा प्रयुञ्जीतान्तवेलायां चैतत्स्मरेदमुह्यन्सर्वाणि जनित्राणि परिक्रामति ।

"atha"çabdo 'dhikâre | "yaḥ" pumân "kâmayeta" kim iti—"amuhyan" moham ajñânam aprâpnuvan janmakarmâṇi sarvâṇi karmaprâptâni nṛigavâdîni janmâni—"â"—sarvataḥ parikrâmeyam iti sa—"mahe no adya bodhaya"—ity etat sâma sadâ prayuñjîta—"antavelâyâm"—prâṇaniryâṇakâle[2] 'py "etat"[3]—uktasâma smared evaṁ kṛite sati "amuhyant sarvâṇi janitrâṇi parikrâmati" | athâgnisvâdhînaprayogam âha—

2. अथ यः कामयेत सर्वत्राग्निर्मे ज्वलेदिति संवत्सरं शिरसाग्निं धारयेदग्न आ याहि वीतय इति प्रथमेनोपतिष्ठेद्द्वितीयेन परिहरेत्तृतीयेन परिचरेत्संवत्सरात्स ज्वलति यदिच्छति तद्दहति ।

uktakâmopeto "yaḥ" sa kasmiṁçcit pâtre 'gniṁ nidhâya nityakarmâvirodhena saṁvatsaraparyantaṁ çirasâgniṁ dhârayed——"agna âyâhi"—ity asyâḥ "prathamena" sâmnâ pratidinam agnim "upatishṭhet" | tasyâ "dvitîyena" sâmnâ—"pariharet"—âtmânaṁ paritaḥ pradaxiṇaṁ haret "tṛitîyena paricaret" nityahomadravyâṇâm anyatamena juhuyâd evaṁ saṁvatsare pûrṇa asya prasanno 'gniḥ—"sarvatra"—apexitadeçeshu "jvalati" na

¹ S.V. i. 5, 1, 4, 3.
² c³ 'nirvâṇakâle.
³ c³ evaṁ tad.
⁴ Gr. G. G. i. 1, 1–3 (= S.V. i. 1, 1, 1).

kevalaṁ tâvanmâtraṁ kiṁtu sâdhako yad dagdhum icchati tat svecchâmâtreṇa[1] dahati | atha piçâcânâṁ svâdhînadarçanaprayogam âha—

3. अथ यः कामयेत पिशाचान्गुणीभूतान्पश्येयमिति संवत्सरं चतुर्थे काले भुञ्जानः कपालेन भैक्षं चरन्नाद्या द्विषुरित्येतत्सदा सहस्रकृत्व आवर्तयन् पश्यति ।

"piçâcân guṇîbhûtân" svâdhînân "paçyeyam" iti "yaḥ kâmayeta" saṁvatsaraparyantaṁ—"caturthe kâle"—ekâham uposhyâpare 'hani râtrau bhojanam ity evaṁ niyamena bhuñjâna ukte pi kâle kapâlena sadaikadeçena "bhaixaṁ caran" uktaṁ sâma pratidinaṁ sahasrakṛitva âvartayaṁs tân piçâcân paçyati | atha pitṛidarçanârthaprayogam âha—

4. अयाचितमेतेन कल्पेन द्वितीयं प्रयुञ्जानः पितॄन्पश्यति ।

"etena kalpena"-ity atideçât saṁvatsaravrataniyamaç caturthakâlabhojanaṁ sahasrakṛitva âvṛittiç cety etad atra prâpnoti | ayâcitasya punarvidhânena kapâlena bhaixacaraṇaniyamaṁ nopagacchati | çishṭaṁ spashṭam | atha gandharvâpsarasâṁ darçanaprayogam âha—

5. संवत्सरमष्टमे काले भुञ्जानः पाणिभ्यां पात्रार्थं कुर्वाणो नृचक्षा त्वा वयमादीयमाना' इत्येतयोः पूर्वं सदा सहस्रकृत्व आवर्तयन्गन्धर्वाप्सरसः पश्यति ।

spashṭo 'rthaḥ | athendrâdidarçanârthaprayogam âha—

6. अयाचितमेतेन कल्पेन द्वितीयं प्रयुञ्जानो देवान्पश्यति ।

"etena kalpena"-ity atideçenâyâcitam iti niyamât 'pâṇibhyâṁ pâtrârtham' ity etad vyatiriktaniyamajâtaṁ pravartate | ashṭamakâlasya tv ayâcitenâvirodhâd anirvṛittiḥ | "dvitîyam"—"vṛi-

[1] c[3] tasyecchâmâtreṇa.
[2] S. V. I. 6, 2, 3, 5 (= Gr. G. G. xvii. 1, 19–23).
[3] Gr. G. G. viii 2, 22 and 23 (= S. V. I. 4, 1, 4, 2).

trasya tvâ" ity etasyâ dvitîyam | atha divyanidhipradarçanaprayogam âha—

7. यद्वर्च इति दिशां व्रतं[1] दशानुगानमेतेन कल्पेन चत्वारि वर्षाणि प्रयुञ्जीत[2] ये दैवास्तांस्तेन ।

"yad varca"—iti diçâm vratâkhyam samvatsaram pratidinam daçavâram anugânam kurvann "etena kalpena"-ity atideçâd ashṭamakâlabhojanapâtrârthakaraṇâny atra gṛihyante | evam catvâri varshâṇi prayuñjânaḥ—"ye daivâḥ"dyulokasambandhino nidhayaḥ santi tâms tena[3] niyamena prâpnoti | atha pârthivadarçanasâdhanaprayogam âha—

8. मासमुपवसेदेकमयाचितं भुञ्जीत मयि वर्च[4] इत्येतेन कल्पेन चत्वारि वर्षाणि प्रयुञ्जीत निधयो ऽस्य प्रकाशन्ते पृथिव्याम् ।

mâsam ekam upavasan mâsam ayâcitabhojî syân—"mayi varcaḥ"—ity etena kalpena "catvâri varshâṇi prayuñjîta"—mâsoposhaṇâdiniyamaḥ san "catvâri varshâṇi prayuñjîta" | etena kalpenety anenâtraikamâsam ayâcitam iti vihite bhojanakâle pâtrârthaṃ pâṇibhyâm bhojanam gânakâle daçânugânaniyamaç ca parigṛihyate | asyaivam kurvataḥ prayoktuḥ pṛithivyâm ye nidhayaḥ santi te "prakâçante" | atha bhûtavaçîkaraṇalabhyadhanaprayogam âha—

9. अष्टरात्रोपोषितो ऽमावास्यायां मुख आज्यं कृत्वाग्निं नर' इत्येतयोः पूर्वं मनसानुद्रुत्यान्ते स्वाहाकारेणाग्नौ जुहुयाद्व्युष्टायां रात्रौ भूतौ पश्यत्य वार्दायका भवन्ति भयकृताश्च पुनरावर्तन्ते भूतमभूतं कुर्यात् ।

saptamîprabhṛiticaturdaçîparyantam uposhitaḥ san "amâvâsyâyâm mukha âjyam kṛitvâ"—nidhâya "agnim nara" ity etayoḥ pûrvam sâma manasâ—"anudrutya"—uccârya—"ante"—sâmânte svâhâkâreṇâgnau mukham suhutam[5] âjyam juhuyâd râtrau vyushṭâyâm satyâm dvau "bhûtau" paçyati tayor hastâd

[1] Âr. S. iv. 10, in Âr. G. iii. 7, 1–10.
[2] c[2] मयुञ्जाणो.
[3] *omits* c[2].
[4] Âr. S. iii. 1.
[5] Gr. G. G. ii. 2, 8–9 (= S. V. i. 1, 2, 2, 10).
[6] *omits* c[2].

asya pañca kârshâpaṇâ bhavanti | tau bhûtau tân prayacchata ity arthaḥ | te ca—"vyayakṛitâḥ"—kṛitavyayâḥ punar âyanti | anyathâ na teshu madhye mûlaṁ kiṁcid açûnyam—"kuryât" —avaçeshayet | mûlaṁ sthâpayitvâ çishṭaṁ viniyuñjîta tathâ sati avaçeshito mûlâṁço vyayakṛitam aṁçaṁ tasmât punar âkarshati 'ty arthaḥ | atha jaṁbhakâkhyabhûtaviçeshâṇâṁ vaçîkaraṇaprayogam âha—

10. गवां प्रविशन्तीनां या पश्चात्प्रविशेत्तस्याः शिरो ऽभ्यनुमृज्य पुच्छमनुमृज्य[1] पाणी संहृत्यानङ्गमेजयंस्तिष्ठेत्सर्वां रात्रिं द्वितीयमावर्तयञ्जम्भका अस्य सार्वकामिका भवन्ति सार्वकामिका भवन्ति ।

"praviçantînâṁ" goshṭhaṁ[3] pratyâgacchantînâṁ gavâṁ madhye[4] yâ paçcât praviçanti syât tasyâḥ "çiro 'bhyanumṛijya" anukrameṇa mârjanaṁ kṛitvâ tataḥ "puccham anumṛijya" etâvataiva sarvâṅgâny anumṛijyety uktaṁ bhavati | "pâṇi[5] saṁhṛitya" saṁhatau kṛitvâ—"anaṅgamejayaḥ"—çarîrakaṁpaṁ na kurvan sarvâṁ râtriṁ goshṭhe 'vatishṭhet | "dvitîyam"—"agniṁ nara"—ity etayor dvitîyaṁ sâma âvartayan yaḥ | asya prayoktuḥ jaṁbhakâḥ—"sârvakâmikâḥ"—sarvakâmapradâ bhavanti |

iti çrîsâyaṇâcâryaviracite mâdhavîyavedârthaprakâçe sâmavidhânâkhye brâhmaṇe tṛitîyâdhyâye saptamaḥ khaṇḍaḥ |

III. 8. punarjanmâbhâvakâmasya kâṁcid râtryupâsanâṁ vivaxus tat pratijânîte—

1. अथ यः कामयेत पुनर्न प्रत्याजायेयमिति ।

athaçabdo 'dhikâre[6] | "yaḥ"—pumân anekajanmabhir duḥkhito[7] janma—"punar na pratyâjâyeyam iti"—punarjanmântaraṁ na

[1] omits पुच्छमनुमृज्य. [2] v. *Note to last sentence.*

[3] c³ gavâṁ goshṭhaṁ praviçantînâṁ. [4] c³ *omits* pratya° . . . madhye.

[5] c³ *for* çiro, *etc.*, to end *has* çiraḥprabhṛitipucchântaṁ çarîram anumṛijya tathaiva pâṇî svîyau saṁhṛijya—"anaṅgamejayaḥ"—aṅgâny akampayaṁs tishṭhet sarvarâtrim—"agniṁ nara" ity etayor dvitîyam âvartayañ jaṁbhakâ nâma bhûtaviçeshâ asya—"sârvakâmikâḥ"—sarvakâmasâdhakâ bhavanti.

[6] c³ athaçabdo 'dhikârântaradyotanârthaḥ. [7] c³ duḥkhitaḥ san.

gaccheyam iti kâmayeta | tasya prayogaṁ vaxyâmîti çeshaḥ | atha tadupâsanasâdhanamantram âha—

2. रात्रिं प्रपद्ये पुनर्भूं मयोभूं कन्यां शिखण्डिनीं पाशहस्तां युवतिं कुमारिणीमादित्यश्चक्षुषे वातः प्राणाय सोमो गन्धायापः स्नेहाय मनो ऽनुज्ञाय पृथिव्यै शरीरम् ।

"râtrim"—tadabhimânidevatâçaraṇaṁ prapanno 'sminn upavâsa ity arthaḥ | kîdṛçîm—"punarbhûm"—punaḥ punaḥ pratidinaṁ bhavitrîṁ jâyamânâm | "mayaḥ"—iti sukhanâma | sarveshâṁ prâṇinâṁ sukhasya bhâvayitrîm—"kanyâm"[2] kamanîyâm | grahanaxatrâdibhir dîpyamânâṁ vâ | 'kanî dîptikântigatishu'—(*Dh. p.* 13, 17) iti dhâtuḥ | "çikhaṇḍinîm"—çikhaṇḍaḥ keçapâçaḥ | praçaṁsâyâm iti praçastakeçapâçaḥ | "pâçahastâm" prabhṛtibandhanâya hastena dhṛtapâçâm | "yuvatim" nityataruṇîṁ bâlyavârddhakâdyavikâryâm ity arthaḥ | "kumâriṇîm"—kutsitam mârayantîti kumârâḥ | raxaḥprabhṛtayas te | tadvadantîm | evaṁguṇâyâ râtreḥ prasâdât—"âdityaḥ"—caxurindriyâbhimânî devaḥ—"caxushe"—indriyâya | asya samyagdarçanâya | 'tâdarthye caturthî bhavatu' iti | tathâ—"vâtaḥ"—vâyudevatâ—"prâṇâya"—dehântarvartina anugrâhako bhavatv asmaccharîraṁ mâ parityâxîd ity arthaḥ | "somaḥ"—candramâḥ—"gandhâya"—dehasya saurabhyâya | "âpaḥ"—abdevatâ—"snehâya"—dehasyâraxakâya | çarîrasyaindhyâya | "manaḥ"—madîyamânasaṁ râtrer anugrahât—"anujñâya"—anujñaḥ | tasmai bhavatu | anuxaṇaṁ jñânaviçishṭaṁ bhavatv ity arthaḥ | "pṛthivyai çarîram"[3]—vibhaktavyatayâ pṛthivîdevatâm "çarîram" taddârḍhyâya bhavatu | yadvâ—"pṛthivyai"—devyai mama—"çarîram"—bhavatu | tadadhînaraxaṇaṁ bhavatv ity arthaḥ | evam upâsitâram prasannâ satî râtrir ittham brûta ity âha—

3. सा हैनमुवाचाभिसंवत्सरे मरिष्यसीत्ययने ऽभिमृताभिकाले

[1] A. and D. °पती

[2] *The comm. in C³ continues*—"çarîram," etc.

[3] *The comm. in C³ goes on from this word.*

·क्षिप्रधर्माये ·क्षिप्रादप्सरात्रे ·क्षिप्रमुहूर्ते ·क्षिप्रक्षिप्ररात्रे ·क्षिप्रविरात्रे ·क्षिप्रघोरात्रे ·क्षिप्रसप्तम्यां रात्र्यामस्यां वेलायामस्मिन्मुहूर्ते मरिष्यसी-ति स्वर्गं लोकं गच्छ देवलोकं वा ब्रह्मलोकं वा क्षत्रलोकं वा विरो-चमानस्त्विहैवं विरोचमानामेहि योनिं प्रविश ।

sâ khalu prasannâ râtriḥ—"enam"—upâsakam—"uvâca"—bravîti | laḍartho chândaso liṭ | kim iti | "asmin saṁvatsare"—ity ârabhya—"asyâṁ velâyâm"—ity antena saṁvatsaratadavayavabhûteshv ayanâdikâlaviçesheshu ca marishyasîti punar maraṇamuhûrtaṁ bravîti | asmin xaṇe tvam marishyasy ata eva svargaṁ gaccha svargâdîṅ lokân yathâbhilâsham brâhmaṇajâtyâ tapaâdinâ labdhavyo lokaḥ xatreṇa xatriyajâtyâ prajapâlanâdibhiḥ prâpyo loka eshv abhimataṁ lokaṁ gatvâ tatra[2]—"virocamânaḥ"—dîpyamânaç ciraṁ tishṭha | athavâsminn eva loke—"virocamânâm"—dîptâm utkṛishṭâm brâhmaṇâdiyonim praviça tadartham—"ehi"—âgaccheti | evaṁ râtryoktam upâsako nirâkuryâd ity âha—

4. नाहं योनिं प्रवेक्ष्यामि भूतोत्तमाया ब्राह्मणो दुहितुः संरागवस्त्राया जायते म्रियते सन्धीयते च ।

"aham"—upâsakas tvaduktâṁ praçastâm api yoniṁ na pravexyâmi | yoneḥ prâçastyâbhâvam evâha—"bhûtottamâyâḥ"—bhûteshu çreshṭhâyâḥ—"saṁrâgavastrâyâḥ"—ârtavena rajasâ saṁraktavastrâyâḥ—"brahmaṇo"—brâhmaṇajâteḥ—"duhituḥ" striyâ api yoniṁ na pravexyâmi | kuto 'praveça ity âha | yata eko yoniṁ pravishṭo—"jâyate"—jâtaḥ san—"mriyate"—prâṇair viyujyate mṛitaḥ—"sandhîyate"—dehântareṇa saṁbadhyata ata evety arthaḥ | itthaṁ nirâkṛitya tâṁ paroxeṇa stuvan svâhitâpunarbhavam âha—

5. रात्रिस्तु मां पुनातु रात्रिः सर्वमेतत्पुण्याख्यं यत्पुराणमाख्यातं तच्च मे ज्ञानं कुर्वन्नपुनर्भवाय पुनर्भवाय एतावद्देव रात्री रात्रेर्भवति च रात्रेर्भवति च ।

[1] D. क्षिप्र.

[2] C^3 omits.

tuçabdo vailaxaṇyârthaḥ[1] | api tu râtrir devatâ—"mâm punâtu" —janmântarâpâdakât karmaṇaḥ çodhayitu râtrir iti | punaruktir âdarârthâ | atha pratyaxoktiḥ | he râtre yat "purâṇam" purâtanam svargâdiphalalaxaṇam arcirâdimârgam ataḥ prâpyam âkâçam âsamantât kâçamânaprabham brahmalokâkhyam—"kham"—etat kham âkâçam—"pushpântam"—karmaphalalopabhogasthânam tasyântato bahirbhûtam—"tatra"—tasminn âkâçe brahmaloke mama sthânam kuru | kimartham | "apunarbhavâya"—punarbhavaparihârâyâsyaiva vivaraṇam | "punarjanmanaḥ"—iti | "na me brahmalokavâsinaḥ punar utpattir na ca punar âvartate na ca punar âvartate" iti çruteḥ | smṛitiç ca—

"brahmaṇâ saha sarve te saṁprâpte pratisaṁcare |
parasyânte kṛitâtmânaḥ praviçanti param padam" ||

iti | pûrvoktamantrasâdhyapratipâdanavyatirekeṇa râtryupâsanam japântaraprayogântareshv ivopashaṇâdivratântaram ca nâstîty âha—"râtrau"—vishayasaptamî | 'râtrim prapadya' ityâdikarma | sâdhyam yat prapadanam uktam etad eva râtrer devatâyâḥ prasâdanam prapadanam caitad eva | yad vâ "râtrau" ity adhikaraṇasaptamî | etad râtrâv eva kartavyam na diveti |

iti çrîsâyaṇâcâryaviracite mâdhavîye vedârthaprakâçe sâmavidhânâkhye brâhmaṇagranthe tṛitîyâdhyâye 'shṭamaḥ khaṇḍaḥ |

III. 9. Atha svecchayâ lokântaragamanakâmayamânasya prayogam âha—

1. चतुरो मासान्पयोभक्षो भा[2] चतुर्थकालाशी शुचौ देशे मठं कृत्वा तत्र प्रविश्य[illegible]मादाय [illegible] उपवस्य मूर्धं साम[3] ग्रामेय[4] इत्येतयोः पूर्वं सदा सहस्रकृत्व आवर्तयन्नहि देवता:

[1] The Comm. on this sentence ends here in c².
[2] A. भाम्.
[3] Gr. G. G. iii. 2, 33-34 (= S. V. i, 4, 2, 3, 10).
[4] Gr. G. G. iii. 1, 4 (= S. V. i. 4, 1, 5, 3).

पश्यति सिद्धं तदित्युत्थानमन्तरिक्षाः सिद्धा भवन्त्यन्तरिक्षक्रमणं च द्वाराणि चास्य विप्लीयन्ते ।

mâsacatushṭayaparyantaṁ kartavyam idaṁ vratam | tatra xîraṁ piban pratidinaṁ mâsatrayaṁ gâ anugacchet tataç caturthe mâsi—"çucau"—amedhyâdirahite viçâle 'raṇyadeçe gacchan triṇakuṭiṁ kṛitvâ tatra praviçet | udakopasparçanârtham âcamanârtham eva—"kamaṇḍalum"—udapâtram âdâya tatropâsîta—"trîn saptarâtrân"—ekaviṁçatirâtriparyantam—"anudakaḥ"—uktâcamanavyatirekeṇodakakâryâṇi snânapânâdi na kurvan kim apy anaçnan—"ṛicaṁ sâma yajâmahe"—ity etayoḥ—"pûrvam"—prathamaṁ sâma—"sadâ"—pratyaham—"sahasrakṛitva âvartayan"—upâsako yasmin kâle devatâḥ paçyati tadânîṁ tad vratam—"siddham"—phalavad iti jânîyât | athânantaram—"utthânam"—vrataparityâgaḥ | asyaivaṁ kṛitavata upâsakasya—"antarixâḥ"—antarixacâriṇo gandharvâdayaḥ—"siddhâḥ"—vidheyâ bhavanti | na kevalam etâvad evâpi tv antarixe nirâlaṁbe deçe—"kramaṇam"—pâdavixepasaṁcâraç ca bhavati | tathâ svargâdilokânâm[1]—"dvârâṇi"—vihitâny asya[2] "viplîyante—vihriyante | udghâṭitakapâṭâni bhavanti—"plî varaṇe"—iti dhâtuḥ (*cf. Dh.* p. 21, 30) | tatraiva prayogântaram

2. द्वितीयमेतेन कल्पेन प्रयुञ्जानः कामचारी मनोजवो भवति ।

"dvitîyam"—'ṛicaṁ sâma'—ity asya dvitîyaṁ sâmaitena caturo mâsâdityâdinoktena "kalpena" sahasrakṛitvaḥ prayuñjânaḥ—"kâmacârî"—"svecchayâ tattallokasaṁcârî—"manojavo"—manojavena bhavati | atha manushyâdînâṁ bhogakâmayamânasya prayogam âha—

3. शुक्लाशुचयवसेत्सर्वान्कामान्पृष्टः शुक्लवासा ब्रह्मचर्येणानुक्रियः सुमनसो धारयंस्त्वमृ[3] पूर्वं सदा सहस्रकृत्व आवर्तयन्मानुषाः कामानवाप्नोति ।

[1] C[1] svargâdinâṁ lokânâm. [2] C[1] apy asya. [3] *S.V.* i. 1, 1, 5, 1.

"çuklân"—sarveshu mâseshu çuklapaxagatân kâlân—"upavaset"—nâçnîyât—"prishṭaḥ"—siktaḥ suanâta ity arthaḥ | "prishu vrishu mrishu secane"—iti dhâtuḥ (*Dh. p.* 17, 55-7). | çishṭaṁ spashṭam | atha divyabhogakâmasâdhanam[1] âha—

4. द्वितीयमेतेन कल्पेन प्रयुञ्जानो वै दैवाख्येन ।

"tyam û shu"—iti dvitîyam etena çuklân upavased ityâdinoktena kalpena | siddham anyat | trailokyâdhipatyakâmayamânasya[2] prayogam âha—

5. मासमुपवसेदेकमेकमयाचितं भुञ्जीत मयि वर्च इत्येतेन कल्पेन चत्वारि वर्षाणि प्रयुञ्जानस्त्रयाणां लोकानामाधिपत्यं गच्छति वृद्धावप्येकस्य ।

"mâsam" caturshu varsheshv ekam ayugmam upavased yugmam ekam ayâcitaṁ bhuñjîta "mayi varcaḥ"—ity etat sâmâbhihitena[4] kalpena 'prishṭaḥ çuklavâsâḥ'—ityâdiniyamena catvâri varshâṇi prayuñjânaḥ—"trayâṇâṁ lokânâm âdhipatyaṁ gacchati"—prâpnoti | "asya"—vihitaprayogasya madhye—"ekasya"—aṅgasya vratasya[5]—"vriddhâv api"—kaivalye 'pi saṁkîrtitaphalaṁ bhavaty eva | tad evaṁ keshâñcit sâmnâṁ vidhaya uktâ atrânuktânâm itareshâṁ saṁhitânâm adhîtânâṁ kâmân kalpâṁç ca saṅgrihyâha—

6. यच्च यान्यनादिष्टकामकल्पानि तेषां यथाश्रुति स्मृतिलिङ्गैः कामाक्षरसंयुक्तः ।

"yâni"—sâmâni sâmasaṁhitâsamâmnâtâni—"anâdishṭakâmakalpâni"—asyedaṁ phalam asyâyaṁ sâdhakaḥ kalpa ityanâdishṭopabandhâni santi—"teshâṁ yathâçruti"—çrutyanatikrameṇa mantreshu çrûyamâṇaphalâtikrameṇa—"smritilingaiḥ"—vedavidâcâryâṇâṁ prayogaiḥ—"kâmâxarasaṁyuktaḥ"—niyamaḥ saṁyukto[6] 'vagantavyaḥ | athavâbhihitânâṁ bahûnâṁ vidhânânâṁ madhye tâvatphalakâmânuguṇyena prayoga ity âha—

[1] c[1] âdityabhogakâmasya.
[2] c[1] atha trai°.
[3] c[1] etena.
[4] Âr. S. iii. 1.
[5] c[2] omits.
[6] c[2] omits.

7. आभिप्रायिकं कर्म।

"karma"—sâmâdhyayanalaxaṇam abhiprâyânuguṇyena syât| yady asmai rocate tena kâryam iti | athâsya sâmavidhânasya saṁpradâyapravartakân âcâryân mukhyakrameṇa[1] saṅkîrtayati—

8. सो ऽयं प्राजापत्यो विधिस्तमिमं प्रजापतिर्बृहस्पतये प्रोवाच बृहस्पतिर्नारदाय नारदो विष्वक्सेनाय विष्वक्सेनो व्यासाय पाराशर्याय व्यासः पाराशर्यो जैमिनये जैमिनिः पौष्पिण्ड्याय पौष्पिण्ड्यः पाराशर्यायणाय पाराशर्यायणो बादरायणाय बादरायणस्ताण्डिशाट्यायनिभ्यां ताण्डिशाट्यायनिनौ बहुभ्यः सो ऽयमनुष्ठाताय ब्रह्मचारिणे समावर्तमानायाख्येय उपाध्यायाय ग्रामवरं सहस्रं श्वेतं चाश्वं प्रदायानुज्ञातो यं यं कामं कामयते तमाप्नोति तमाप्नोति।

"so 'yam"—'brahma ha vâ idam agra âsît' ity ârabhyaitatparyanto yaḥ sâmnâṁ prayogavidhir uktaḥ—"so 'yaṁ prâjâpatyaḥ"—prajâpatinâ viçvasṛijâ sarvajñena caturmukhabrahmaṇâ dṛishṭaṁ na hi tasyopadeshṭâ kaçcid api saṁbhavati | sa prajâpatir bṛihaspataye—provâcetyâdi bahubhya—ityantaṁ spashṭaṁ | vishvaksenena vyushitatvaprakaraṇatvât santi bahavo vyâsâḥ | dvâpare dvâpare | tasmai "brahmacâriṇe"—anushṭhitagurukulavâsâdiniyamâya — "samâvartamânâya"— gurukulâd brahmacaryaṁ samâpya svagṛihaṁ pratyâvartamânâya—"âkhyeyaḥ"—upadeshṭavyaḥ — "upâdhyâyâya" — sâmavidhânopadeshṭre—"grâmavaram"—çreshṭhaṁ grâmaṁ sahasrasaṅkhyaṁ dhanaṁ çvetaṁ câçvam pradâyâyaṁ çishyeṇa prayoktavyaḥ | yady etâni dâtuṁ na çaknuyât sa suçrûshayâlpadhanapradânena copâdhyâyaṁ toshayitvâ tena—"anujñâtaḥ"—sann uktavidhânena sâmâni prayuñjânaḥ—"yaṁ kâmam"—kâmayitavyaṁ phalaṁ kâmayeta tam avâpnoti | abhyâsaḥ samâptyarthaḥ |

Iti çrisâyaṇâmâtyena viracite mâdhavîye vedârthaprakâçe sâmavidhânâkhye tṛitîye brâhmaṇabhâshye navamaḥ khaṇḍaḥ |

[1] c[a] anukrameṇa.

Iti çrîmadrâjâdhirâjaparameçvaravaidikamârgapravartakaçrîvîrabukkabhûpâlasâmrâjyadhurandhareṇa sâyaṇâmâtyena viracite mâdhavîye sâmavidhânâkhye brâhmaṇabhâshye tṛitîyo 'dhyâyaḥ[1] samâptaḥ ‖

[1] prapâṭhakaḥ—A. B. and D.

CORRECTIONS AND ADDITIONS.

Since the text was printed I have been able to refer to a *Grantha* MS. of the text and C. written about 1550. This agrees with my other *Grantha* MSS., where they differ from the Devanâgarî B. and C². I mark this new MS. by E. and give the readings in ch. iii. where it differs from the others.

Page 3, *line* 15. E. *reads*, yasmât prajâpatir brahmaṇo manorûpo.

„ 3, „ 16. E. *reads*, "mano hi prajâpatiḥ," brahmaṇo manorûpaḥ khalu.

„ 3, „ 26. E. *omits* sthânîyam.

„ 21, *note* 5 *dele*, *and* 2.

„ 22, „ 6 „ 10.

„ 23, *dele notes* 2, 6, and 8.

„ 24, *line* 25. °म्नोति ।

„ 24, *note* 1 *dele* — 10.

„ 25, *line* 2. *All the MSS. prefer* नैमिशीयं *to* नैमिषीयं.

„ 25, *note* 1, *dele* — 10.

„ 27, *line* 9. य एवं वेद ।

„ 27, „ 12. मधुमां.

„ 29, „ 13. यदीयं वद ।

„ 33, *note* 1. *S.V.* I. etc.

„ 33, „ 3. *S.V.* I. etc.

„ 39, „ 2. *S.V.* I, 5, 2, 3. 1.

„ 39, „ 3. *S.V.* I. etc.

„ 41, *line* 8, *read* परिचिनत्व. *Some MSS. have* परिचिन्व.

„ 44, „ 5. *According to Sâyaṇa the text should run* आचरमा-वर्तयेत् । *but all the MSS. are against this.*

„ 46, „ 3, *read* tamo hârdaṁ—

„ 47, „ 7, *read* पुमांसं—

„ 47, *note* 7, *read* *S.V.* I. 6, 2, 3, 7, or II. 5, 1, 3, 1 (?).

„ 47, „ 11, *read* râjanarauhiṇake = Âr. G. ii. 4, 9 and 10.

„ 52, *line* 23. *The MSS. mostly prefer the irregular forms* पुंसु-वनम्, *etc., against* P. iv. 1, 64.

„ 53, „ 22, *read* समञ्चा यन्ति निधनं—

„ 53, *notes*. *Dele the first* 11 *and* 12.

„ 54, *line* 1, *read* "sam anyâ yanti."

„ 57, *note* 2, *read* *R.V.*

„ 58, „ 3. *S.V.* i. 2, 2, 2, 5.

„ 58, „ 7. *R.V.*

„ 62, *line* 15. इति ।

„ 74, „ 17. E. dadhimadhughṛitâni tailamiçram̃ saktumayam.

„ 75, „ 7. E. uttaratra pûrvatra ca yatra.

„ 78, „ 11. E. *for* nityam *has* çatâvaram̃ daçâvaram.

„ 80, „ 17. E. upaharet । phalam̃ tatra prayoguktam evâtrâpi ca drashṭavyam atha tri°.

„ 81, „ 13. E. vidiku caturaçram̃ catasro rekhâḥ ।

„ 83. E. abhimantrya "upavâsayet" râtrau svasamîpe vâsayet । "vyushṭâyâm̃ râtrau" prabhâte "etenaiva" uktenaiva sâmnâ kanyâm̃ sahasrakṛitvaḥ çatâvaram abhimantrya mukham "parimṛijya," etc.

„ 87, *line* 4. E. mantrabhedam.

„ 88, „ 1. E. पंचनिधनवामदेव्येन—.

„ 90, „ 11. E. iti nidhanam.

„ 91, „ 5. E. "abhi tvâ" ity etenâbhotisahasram̃ juhuyât.

„ 91, „ 12. E. अथ पुत्रकामप्रयोग: व्याख्या—.

„ 93, „ 17. E. darçanârthaprayogam âha.

„ 94, „ 1. E. °pradarçanasâdhanaprayogam.

„ 94, „ 4. E. प्रयुञ्जीत निधयोऽन्य प्रकाशन्ते हि° ।

„ 96, „ 19. E. mama samyagdarçanâya

„ 96, „ 24. E. "anujñâya" anujñâtam anujñâḥ । ghañarthe kavidhânam iti bhâve kapratyayaḥ । tasmât.

„ 99, „ 3. E. xîram eva piban.

„ 100, „ 1. E. °gatân sarvân kolân.

www.ingramcontent.com/pod-product-compliance
Lightning Source LLC
Chambersburg PA
CBHW030605270326
41927CB00007B/1055

* 9 7 8 3 7 4 1 1 7 7 3 7 8 *